SHANGHAI PUBLISHING （1978—2018）

上海出版简史

汪耀华 —— 著

上海书店出版社
SHANGHAI BOOKSTORE PUBLISHING HOUSE

序

胡国强

《上海出版简史（1978—2018）》书稿完成后，汪耀华先生嘱我作序。开始我是很犹豫的。因为就经历和学养来说，我并不是一个合适人选。但我曾鼓励他做这件事，深知他的成就和艰辛，对他的要求不能拒绝。而从上海出版的视角重温改革开放四十年，也有意义。于是，静下心来捧读书稿，写下这些文字。

改革开放四十年是一段让人刻骨铭心的历史。在这个伟大历史进程中，上海按照中央要求，抓住机遇，大胆探索，敢为人先，攻坚克难，取得了举世瞩目的辉煌成就，实现了前所未有的历史性跨越，演绎了中国特色社会主义的生动实践，成为了我国改革开放的重要窗口。伴随改革开放的大潮和上海发生的巨大变化，

作者系上海市出版协会理事长。

上海出版也由封闭走向开放，由传统走向现代。20世纪80年代初，上海出版系统从财政"统收统支"改为"利润留成"，接着是"利改税"，1988年实行了承包经营责任制，1992年推进"全员劳动合同制"，再后来是社长负责制、转企改制、双效益考核、自办发行、集团化改革、大学出版社强社之路、新华传媒上市、多媒体融合，一项项改革措施出台，推动上海出版业解放思想、创新发展，激发出让人赞叹的活力和创造力。

四十年来，上海出版的面貌发生了深刻变化。出版社从"文革"期间的1家发展到41家，形成了实力雄厚、专业分工、门类齐全的出版体系，出书品种从1977年的1334种增加到2017年的27772种，一大批精品图书让读者为之欣喜，音像出版、数字出版等方面也取得了很好的业绩。随着全民阅读的兴起，钟书阁、大隐书局、光的空间等一批实体书店成为阅读新空间。同样令人欣喜的是，上海以开放和包容的心态吸引和集聚人才、品牌、资金，由上海发源的商务印书馆、三联书店、中华书局等出版社纷纷回上海开设分公司或工作室，大众书局、博库书城、和集、言几又、西西弗、建投书局等多家外省市连锁书店也陆续进入上海。上海成为全国重要出版机构看重的码头，也成为海内外出版业交汇融合的高地。上海对外版权贸易从无到有，积极参与国际竞争，越来越多的本土优秀出版物走向世界，同时也引进了一批国外和港台的出版物，出版市场呈现出欣欣向荣的新局面。

为庆祝改革开放四十周年，展示上海出版的历史变迁和深刻变化，去年8月上海书展期间，在上海市新闻出版局的支持下，上海市版协和上海新闻出版博物馆（筹）在上海图书馆举办了"上海出版改革开放四十周年图片展"。汪耀华作为主要的策展人和撰稿者，收集和筛选与上海出版改革开放四十周年相关的文献资料，筹划和设计总体布局，撰写文案，付出了辛勤劳动。图片展聚焦出版单位、管理机构、图书出版、报刊出版、音像出版、数字出版、获奖图书、最美的书、发行渠道、书展书市、特色书店、印刷产业、出版名家、上海出版人、人才培养、职称评审、行业协会、对外交流、版权产业、扫黄打非等20个方面，提纲挈领展示改革开放四十年来上海出版的重要事件和人物，主题鲜明，脉络清晰，内容详实，生动活泼，在业内引起热烈反响。图片展结束后，汪耀华听取各方面意见，又补充了不少当时还没有收集到的文献资料，完成了《上海出版简史（1978—2018）》的书稿。书稿比图片展内容更全面详实。如1984年到2018年上海图书奖获奖图书，举办图片展时没有找全，只好用3块展板展示每一届获奖图书的第一本书。在方方面面帮助下，经汪耀华苦心寻觅，《上海出版简史（1978—2018）》已经将1217本获奖图书全貌展示。这对改革开放四十年上海出版史的研究来说，无疑是一件值得庆贺的事。

我与汪耀华先生相识多年，知道他一直致力于中国近现代出版史的研究，搜集和整理被人遗忘或正在消逝的那些出版史事。这些年，他的著述一本接一本，如《阅读纪事》《上海书业名录（1906—2010）》《书景》《上海书业同业公会史料与研究》《出版空间：理念与实务架构》《"文革"时期上海图书出版总目（1966—1976）》、《留在笔下的新华书店》《1843年开始的上海出版故事》《留存着的书业时光》《中国近现代出版法规章则大全》等，上海近现代出版史的许多重要史实和精彩瞬间通过他的著述而留存下来。看到他的成就，我高兴之余有时会感到自己虚度岁月。但成就和付出是对应的，汪耀华多次和我说起收集资料的甘苦，而他注重史料细节的考证和空白点的填补，力求真实地还原历史的刻苦钻研精神，更令我感佩。是乐于付出、勤奋好学、刻苦执着的品格注定了他的成就。祝愿汪耀华在中国近现代出版史研究方面继续努力，取得更大成功。

2018年12月18日，在庆祝改革开放四十周年大会上，习近平总书记发出了改革开放再出发的动员令。在《上海出版简史（1978—2018）》即将出版之际，重温上海出版改革开放四十年的历史变迁和变化，将坚定上海出版工作者改革开放再出发的信心和决心，在以习近平总书记为核心的党中央领导下，励精图治、革故鼎新、攻坚克难、砥砺奋进，在新起点上实现上海出版的新突破。

是为序。

目 录

序 ·· 胡国强　1

开　　篇 ··· 001
出版单位 ··· 005
管理单位 ··· 010
图书出版 ··· 012
报刊出版 ··· 022
音像出版 ··· 026
数字出版 ··· 029
获奖图书 ··· 041
最美的书 ··· 127
发行渠道 ··· 131
书展书市 ··· 136

特色书店	145
印刷产业	151
出版人才	158
行业协会	170
对外交流	174
版权产业	180
扫黄打非	190
数　据	193
大事年表	197
后　记	214
跋……………………………………汪耀华	217

开 篇

上海，中国近现代出版业的发祥地和中心。中华人民共和国成立以后，上海进入出版的新时代。国营新华书店、公私合营出版社迅速建立，社会主义出版事业从无到有、从小到大，欣欣向荣。

"文革"期间，由于受到"左"的错误影响，曾经出现了"书店无书可卖，读者无书可读"的现象，上海出版业一度严重萎缩。

党的十一届三中全会吹响了解放思想、改革开放的号角，上海出版工作者坚持改革开放、锐意进取、奋力开拓，迎来了上海出版事业的大繁荣。出版社从"文革"期间的1家发展到41家，出书品种从1977年的1334种发展到2017年的27772种，形成了实力雄厚、专业分工、门类齐全的出版体系，并在开发音像出版、数字出版等方面取得了卓越的业绩。

以新华书店为骨干的国有书店通过开设专业书店、举办书市、流动服务等形式深入服务读者，多元投资的实体书店获得了生存的空间，网络销售、阅读活动等"e+书店"成为市民喜闻乐见的文化载体。

上海出版由封闭走向开放，由传统走向现代，成为全国出版改革的先锋。20世纪80年代初，上海市出版系统在财政上从"统收统支"改为"利润留成"，接着是"利改税"，1988年实行了承包经营责任制，1992年推进"全员劳动合同制"……转企改制、社长负责制、出版双效益考核、出版社自办发行、版权贸易、集团化改革、大学出版社强社之路、新华传媒上市、多媒体融合等改革措施，推动出版业解放思想、创新发展，激发了上海出版的创造力和生命力。

2018年5月，上海市委办公厅、市政府办公厅印发了《全力打响"上海文化"品牌加快建成国际文化大都市三年行动计划（2018—2020年）》，明确了"上海文化"品牌建设的总目标、时间表、路线图和任务书。"上海文化"品牌建设，既要抓好"码头"建设，又要抓好"源头"建设。

上海自开埠以来，西风东渐，形成了古今汇聚、东西交融的城市品格，成为独具魅力的文化码头。上海的城市精神就是"海纳百川、追求卓越、开明睿智、大气谦和"。上海善于吸引与集聚人才、文化等各种资源,全国优秀文化甚至世界优秀文化纷纷在此生根开花。过去的数十年间,由上海发源的商务印书馆、中华书局、三联书店等出版机构在上海纷纷开设分公司或工作室,多家外省市连锁书店进入上海,如大众书局、博库书城、和集、言几又、西西弗、建投书局……上海出版业历来面向全国,在广大读者中享有良好的声誉,钟书阁、大隐书局、光的空间等一批实体书店成为阅读新空间。

上海既是全国优秀文化机构停靠的码头,更是海派文化向外拓展的源头。上海对外版权贸易从无到有,积极参与国际竞争,使越来越多的本土优秀出版物走向世界,也引进了无数国外和港台的出版物,使出版市场呈现一派欣欣向荣的局面。

习近平总书记在《大辞海》出版暨《辞海》第一版面世80周年的贺信中指示:"坚定文化自信,坚持改革创新,打造传世精品"。厚植"精品意识"、弘扬"工匠精神",一直是上海出版人努力的方向。

"上海出版改革开放40周年图片展",以改革开放为主线,反映上海出版业的时代变迁,折射上海这座城市发展的宏大背景,真实再现了出版改革的艰辛和取得的成果。

回望改革开放40年,让我们不忘初心,继往开来,为决胜全面建成小康社会、夺取新时代中国特色社会主义伟大胜利、实现中华民族伟大复兴的中国梦而努力奋斗。

出版单位

　　1978年1月1日，上海市委决定，撤销原局社合一的上海人民出版社，恢复上海市出版局，下设10个专业出版社。其中，上海人民出版社、上海文艺出版社、上海人民美术出版社、上海科学技术出版社、上海教育出版社、少年儿童出版社恢复原名，中华书局上海编辑所改组为上海古籍出版社、中华书局辞海编辑所改组为上海辞书出版社，上海文艺出版社原来的外国文学部分及其他出版社的相关翻译部分合并为上海译文出版社，朵云轩改组为上海书画出版社。

　　从此，上海出版事业迅速发展。

　　大学方面，先后恢复或成立了上海外语教育、华东师范大学、复旦大学、上海交通大学、同济大学、上海中医学院、上海医科大学、华东化工学院、中国纺织大学、上海财经大学、第二军医大学、上海大学等出版社。新建或恢复了上海科学技术文献出版社、学林出版社、上海社会

1978年1月，上海文艺出版社挂牌

科学院出版社、上海翻译出版公司、文汇出版社、上海画报出版社、上海三联书店、上海科技教育出版社、上海科学普及出版社、汉语大词典出版社、百家出版社、上海音乐学院出版社、中国中福会出版社，上海书店被批准为出版单位，上海文化出版社、上海音乐出版社、中华地图学社先后独立建制，重建立信会计出版社，以及中国大百科全书出版社上海分社（知识出版社上海分社）、上海世界图书出版公司等。

1989年12月，新闻出版署发出《关于出版社重新登记注册的通知》。经新闻出版署批准，当时上海已经有33家出版社进行了重新登记。

迄今为止，上海有41家图书出版社（上海医科大学出版社并入了复旦大学出版社，含在上海的东方出版中心、上海世界图书公司、中华地图学社、第二军医大学出版社）、28家音像电子出版机构、88家互联网出版单位，形成了多元并行、门类齐全、实力雄厚的出版格局。

1999年2月，上海世纪出版集团成立，这是经中宣部、国家新闻出版署批准成立的全国第一家出版集团和首批全国文化体制改革试点单位之一。2004年6月，上海文艺出版总社成立。2005年11月，世纪出版集团以大部分经营性资产注入，成立上海世纪出版股份有限公司。2009年6月，上海文艺出版总社更名为上海文艺出版（集团）有限公司。2011年6月，上海世纪出版集团与上海文艺出版

1978年1月，上海辞书出版社挂牌

集团重组为新的上海世纪出版集团。2015年7月，集团整体改制为上海世纪出版（集团）有限公司，完成公司化改造。目前，集团是集书刊出版、数字出版、版权贸易、图书进出口、印刷、艺术品经营等业务板块于一体的综合性大型出版传媒集团，内设14个职能部门，拥有25家直属单位，包括19家出版单位、2家图书零售企业、2家对外出版企业、2家投资及房产经营管理企业、1家物流企业、1家网络出版企业、1家综合性艺术品产业集团、1家印刷产业集团、1家海外母公司、2家事业单位。

多年来，世纪出版集团在"努力成为一代又一代中国人的文化脊梁"的使命感召下，坚持围绕中心、服务大局，成风化人、凝心聚力，坚持提升宣传舆论的影响力、文化产业的竞争力、理论成果的说服力、核心价值观的感召力，完成了很多重大项目，出版了一批精品力作，在国家重点出版项目和获得国家级出版奖项方面处于全国领先，社会效益始终居于全国前列，成为国内最具影响力的出版文化生产和内容提供企业之一。

2016年12月29日，习近平总书记致信祝贺《大辞海》出版暨《辞海》第一版面世80周年，要求"坚定文化自信，坚持改革创新，打造传世精品"，这充分体现了以习近平总书记为核心的党中央对文化建设的高度重视以及对世纪出版集团的亲切关怀，为集团进一步聚焦出版主业，以更强的定力推动改革创新，以更大的动力打造传世精品，奠定了坚实基础，指明了前行之道。

2008年4月10日，中宣部、文化部、广电总局和新闻出版总署在全国文化体制改革工作会议上，联合表彰了包括上海世纪出版股份有限公司在内的33家"全国文化体制改革优秀企业"……2018年5月，上海世纪出版（集团）有限公司入选第十届"全国文化企业30强"。

2009年3月，新闻出版总署批复上海7家高校出版单位转企改制方案。复旦大学出版社、上海交通大学出版社、上海外语教育出版社、同济大学出版社、华东理工大学出版社、立信会计出版社、上海大学出版社正式转制为企业。同时，上海的其他出版社也相继推进转企。同年8月31日，上海全面完成出版单位转企改制。

2009年8月，新闻出版总署对全国出版单位2006—2007年度出版综合情况实施等级评估，对首次评为一级的100家图书出版单位授予"全国百佳图书出版单位"荣誉称号。上海有7家出版社入围：上海人民出版社、上海科学技术出版社、复旦大学出版社、华东师范大学出版社、上海外语教育出版社、上海文艺出版社、上海译文出版社。

2014年，上海人民出版社政治与理论读物出版中心、上海古籍出版社历史文献出版中心等12家入选首批上海学术（专业）出版中心并获得专项资金支持。2016年新增上海辞书出版社汉语语文辞书编辑中心等8家学术（专业）出版中心，目前，上海学术（专业）出版中心达20家。

管理单位

上海解放初期，出版、印刷、发行业由市军管会文教委员会领导和管理，以后相继由市人民政府新闻出版处、市人民委员会出版事业管理处、市出版局领导和管理。"文化大革命"中，市出版局被撤销。

1978年，市出版局恢复，行使对全市出版、印刷、发行业的管理。

1987年5月，上海市出版局改为上海市新闻出版局。

1988—1990年，市新闻出版局系统有70家单位实行了承包经营责任制。

1989年，市新闻出版局把图书市场管理职能从发行管理处划出，单独设立上海市图书报刊市场管理处，负责对全市图书报刊市场的管理和扫黄打非工作。

1992年，市新闻出版局系统推进以"全员劳动合同制"为中心的劳动工资制度配套改革，至1994年底，全系统已实行"全员劳动合同制"的国有企业共36家，职工近1万人。至1995年，全系统全部实行"全员劳动合同制"。

1997年10月，市人民政府批准设立市版权局，与市新闻出版局实行一个机构、两块牌子。

2012年，上海提前完成新闻出版总署明确的全行业三项"硬任务"——农家书屋全覆盖、第二批非时政类报刊出版单位转企改制、政府机关软件正版化。

图书出版

上海图书出版历来在全国占有重要地位，上海出版物以质量高而著称于世。改革开放40年来，涌现了大批具有上海特色，实现了社会效益和经济效益双丰收的优秀出版物。

1978年，上海科学技术出版社"数理化自学丛书"重排本出齐。该丛书于1963年初版，共计17册。

1978年，上海古籍出版社开始出版"中国古典文学丛

上海科学技术出版社出版的"数理化自学丛书"

上海译文出版社外国文学名著汇展现场

书",这是国务院古籍整理规划小组确定的重点出版项目,有《诗经今注》《文心雕龙义证》等。

1978年,上海译文出版社出版"外国文学名著丛书",《斯巴达克思》(1978年)、《简·爱》(1980年)、《十日谈》(选)(1981年)、《傲慢与偏见》(1985年)、《呼啸山庄》(1986年)等外国名著风靡一时。

1979年,上海文艺出版社出版《重放的鲜花》,收录了王蒙、流沙河等在反右派斗争中被错误批判的作品。

1979年,上海辞书出版社出版大型辞书《辞海》修订本(1979年版),1980年出版缩印本。

1981年，上海文艺出版社出版《1977—1980年全国获奖中篇小说集》（上、下），收入《人到中年》《没有航标的河流》《犯人李铜钟》等小说。

1982年，上海书店影印出版《申报》，每套印400册，1987年10月出齐。

1983年，上海文艺出版社出版"小说界文库"《乡关何处》（艾煊著）、《彩虹坪》（鲁彦周著）等。

1984年，学林出版社出版《中国历代服饰》，同时与中国香港商务印书馆合作出版该书海外版《中国服饰五千年》，并译成英、德文版出版。

1984年，学林出版社自费出版梁漱溟《人心与人生》等。

《中国新文学大系》第四辑（1949—1976）主编会

《辞海》各分册（1989年版）

1985年，上海人民出版社出版"中国文化史丛书"《中国甲骨学史》《中西文化交流史》等。

1986年，上海文化出版社出版"五角丛书"，3辑30种总印数700万册。

1986年，上海文艺出版社出版《中国新文学大系》第二辑（1927—1937），1987年出齐。

1987年，上海辞书出版社出版《中国美术辞典》。

1987年，上海古籍出版社影印文渊阁本《四库全书》，共36583册，分批出书。

1989年，上海译文出版社出版《英汉大词典》（上册），1991年出齐。

1989年，上海书店重印商务印书馆旧版大型古籍影印丛书《四部丛刊》初编、续编、三编，全书共500册。

1989年，上海人民美术出版社参与出版《中国美术全集》。

《辞海》（1989年版）缩印本出版新闻发布会

1990年，上海文艺出版社出版《中国新文学大系》第三辑（1937—1949）。

1990年，上海译文出版社出版《世界文学名著（全译）普及本》。

1990年，上海书店出版《中国近代文学大系》（1840—1919）。

1992年，上海辞书出版社授权台湾东华书局股份有限公司，在中国台湾地区出版《辞海》（1989年版）繁体字版。

1992年，上海人民出版社出版的《政治经济学教材》，由蒋学模主编，成为中国数代大学生必读的教科书。至2005年已出到第12版，印刷66次，发行量超过1800万册。

1993年，上海科学技术出版社《中国医学百科全书》93卷本出齐。

1993年，汉语大词典出版社《汉语大词典》全部出齐。

1995年，上海科学技术出版社通过版权贸易引进的"科学大师佳作系列"，首批三种图书：《宇宙的起源》《人类的起源》《宇宙的最后三分钟》出版。

1997年，文汇出版社出版"海派女作家文丛"，汇集了上海老中青三代女作家茹志鹃、黄宗英、陆星儿、王安忆、王小鹰、王周生等的代表作。

1998年，上海人民出版社出版《中华文化通志》（101卷），由萧克任编委会主任。

1999年，少年儿童出版社出版《十万个为什么》（新世纪版），12分册，卢嘉锡总主编。

1999年，上海人民出版社出版《中华人民共和国50年图集》。

1999年，上海科学技术出版社出版《中华本草》，是迄今为止所收药物种类最多的一部本草巨著，共2400万字，35卷。

2000年，上海科技教育出版社出版《名家讲演录：清除邪教再生的土壤》，是揭批法轮功和伪科学的普及读物。

2001年，上海科技教育出版社出版"普林斯顿科学文库"中文版10种。

2002年，《续修四库全书》由深圳市南山区人民政府和上海古籍出版社共同投资出版，历时8年完成。

2003年，上海人民出版社出版"中国断代史系列"，该系列前后编撰达半个世纪之久，13卷16册。

2003年，汉语大词典出版社出版《二十四史全译》。

2004年，上海辞书出版社出版《邓小平理论辞典》。

2005年，上海世纪出版集团"世纪人文系列丛书"开始出版，为上海世纪出版集团的品牌丛书。

2005年，上海人民出版社和上海社会科学院出版社联合出版《上海通志》，历时10年完成，共10册，46卷。

2005年，上海科学技术文献出版社出版大型原创科普丛书《原来如此》，10册。

2006年，上海古籍出版社出版"上海图书馆馆藏珍本碑帖丛刊"。

2007年，上海外语教育出版社经牛津大学出版社授权出版《新牛津英汉双解大词典》。

《续修四库全书》　　　　　　　《十万个为什么》

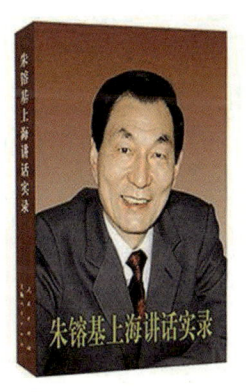

《朱镕基上海讲话实录》　　《平易近人
　　　　　　　　　　　——习近平的语言力量》　　《德政之要：《〈资格通鉴〉中的智慧》

《开天辟地——中华创世神话》

2008年，上海辞书出版社出版《上海大辞典》。

2009年，上海人民出版社出版《我的父辈》，收入57位革命后辈的57篇文章。

2009年，上海辞书出版社出版《外国文学鉴赏辞典大系》，15卷。

2011年，上海科学技术出版社出版《上海百科全书》（2010版）和《上海百科全书》（英文版）。

2012年，上海文艺出版集团出版《巨变——上海城市重大工程建设实录》。

2012年，上海古籍出版社出齐《顾炎武全集》22册，收录了一代学术大家顾炎武的各类著作34种。

2013年，人民出版社、上海人民出版社联合出版《朱镕基上海讲话实录》。

2013年，少年儿童出版社出版《十万个为什么》（第六版）。

2014年，上海交通大学出版社出版《平易近人——习近平的语言力量》。

2014年，上海科技教育出版社出齐《竺可桢全集》24卷。

2015年，上海人民出版社出版《德政之要：〈资治通鉴〉中的智慧》。

2016年,上海人民出版社出版《归有光全集》(10册)。

2017年,上海人民美术出版社出版《开天辟地——中华创世神话》连环画绘本系列,全套30册出齐。

2017年,华东师范大学出版社出版《中国近代经济地理》,9卷,历时8年出齐。

报刊出版

上海是中国近现代报业的发祥地和中心。中华人民共和国成立后，上海成为仅次于北京的报业重镇，在中国新闻传播版图上处于独特位置。上海报业文化积淀厚重，文脉传承绵延，包容开放，兼收并蓄，特色浓郁，独树一帜。

1978年至今的40年，是上海报业发展、变革的一个重要时期，在中国新闻史的卷宗里留下了弥足珍贵的档案。

20世纪50年代初，上海报业曾达15家报社，此后因合并或停刊而渐趋减少。"文革"期间报业萎缩，1977年，上海公开发行的报纸仅存《解放日报》《文汇报》《上海科技报》等。1978年底，重新建起以机关报、日报为主体的报业结构。1982年，《新民晚报》复刊，上海报业迎来发展契机。2006—2010年的"十一五"时期，上海报纸种类基本保持在100种左右。2017年，上海共有报纸97种。上海出版的报纸类别和品种数量在全国

《文化与生活》

《青年一代》

《外国文艺》

《ELLE世界时装之苑》

名列前茅。

20世纪七八十年代，上海报业经营的主要构成仅为发行、广告、印刷等3个板块。随着改革开放不断深化，上海报业经营规模、产业能级、经济效益、固定资产都有了长足发展。

2017年，上海报业主营业务收入达20.54亿元，广告总收入13.40亿元。

近年，随着电子阅读载体的发展，报业作为"纸媒"的一个组成部分，经历了重组、创新、融合发展的新阶段。

上海是我国现代期刊的发源地，早在19世纪下半叶就出现了第一批现代期刊。中华人民共和国成立后，上海期刊的发展经历过一段曲折的过程。1978年，上海登

《科学》创刊80周年暨复刊10周年纪念会

记出版的期刊仅42种，总印数4710万册。改革开放后，上海的期刊出版进入蓬勃发展期。1981年上海各类期刊有266种，1987年达到546种。到2017年，上海共有期刊630种，其中社科类期刊271种，科技类期刊359种；总印数9431.52万册，总收入12.95亿元，广告收入4.15亿元。

上海出版的期刊以品种多、门类全、印数大、质量高、影响深远著称。尤其是学术期刊影响力不断提高，在入选中国出版政府奖、中国科技期刊国际影响力提升计划、百强期刊、SCI等国际国内知名数据库等方面，一直名列全国前茅。

音像出版

　　20世纪初期，上海开始录制唱片，所灌制的胶木唱片基本为歌曲、戏曲。中华人民共和国成立后，上海成立了中国唱片社上海分社（全国仅一家），属广播系统。20世纪70年代中后期，录音制品的新载体——录音磁带传入中国。80年代初期开始，录像带逐渐走上市场，进入家庭，音像制品被纳入出版物范围。在一向以出版图书、期刊为主体的上海新闻出版系统内，音像出版物开始占有一席之地，并取得迅速的发展。

　　少年儿童出版社1981年出版了全国第一套系列儿童配乐故事音带《365夜故事》；1982年又出版了儿童歌曲音带《春天》《好朋友》……这批录音制品的出版，打破了上海出版界仅以纸张为载体的传统出版模式。

　　1981年7月，上海音像公司成立，2009年8月更名为上海音像有限公司。1983年1月，中国唱片公司上海分公司成立，1987年6月更名为中国唱片上海公司。

1983年3月，上海有声读物公司正式成立。1988年被批准增加录像业务，更名为上海声像读物出版社。1992年改名上海声像出版社。

1983年4月，上海外语音像出版社成立。

1985—1989年，上海多家出版社相继成立音像部，配合本版图书出版音像制品。其中，上海外文图书公司成立了从事外语和科普教育的专业音像出版单位——海文音像出版社。

2017年，音像电子出版单位营业总收入19220.5万元，利润总额4285.08万元。音像电子品种数3933种，数量5435.95万盒（张）。

中唱上海公司原址大门

中唱上海公司盒带车间

黑胶唱片生产基地

数字出版

上海数字出版发展迅速，自20世纪90年代起一直保持着全国领先优势。上海出版业积极拓展以数字化生产、网络化传播为主要特征的数字内容产业；加快发展民族动漫产业，大幅度提高国产动漫产品的数量和质量；积极发展网络文化产业，鼓励扶持民族原创的、健康向上的网络文化产品的创作和研发。

1994年，上海电子出版公司成立，是我国首家制作、出版和销售CDR读物的专业出版机构。

1995年，上海首批重大电子出版物工程启动。

1997年，上海电子出版公司等5家电子出版物出版单位、多家图书出版社通过特批版号开始出版电子出版物，全年共出版近百种多媒体光盘。

2001年，上海科学技术出版社首批推出100本eBook。

2003年，上海数字世纪网络有限公司（易文网）等3家单位成为全国首批互联网出版机构。

巨人网络在美国纽约证交所上市（2007年11月1日）

ChinaJoy 展会现场

2008年，全国首个国家数字出版基地落户上海张江。

2009年，市工商局、市新闻出版局联合发布《关于本市从事数字出版业务工商登记有关问题的意见》，创全国先例。

2010年，新闻出版总署向首批21家企业颁发电子书相关业务资质证书，上海人民出版社获准电子书出版资质，上海盛大网络发展有限公司获准电子书复制资质、电子书总发行资质，上海外文图书公司获准电子书进口资质。

2011年，市政府发布《关于促进本市数字出版产业发展的若干意见》，创全国先例。

……

2017年，市新闻出版局召开与市教委共同建设的文教结合"优势课程数字化开发与应用"项目试用启动会议，项目第一期成果5门数字课程2017年第一学期进入16家中小学校试用。

2008—2017年，上海数字出版产业走势——

2008年，上海数字出版产业营业收入123亿元，约占全国数字出版业的五分之一。

2009年，上海数字出版产业营业收入185亿元，同比增长50.41%，占全国四分之一。

2010年，上海数字出版产业营业收入220亿元，同比增长19%。上海拥有新闻出版总署核发的互联网出版许可企业31家。

2011年，上海数字出版产业总产值达278亿元，同比增长26.36%。上海拥有新闻出版总署核发的互联网出版许可企业48家。

2012年，上海数字出版产业营业收入357亿元，同比增长28.42%。上海拥有新闻出版总署核发的互联网出版许可企业59家。

2013年，上海数字出版产业营业收入478.4亿元，同比增长34%。上海拥有国家新闻出版广电总局核发的网络出版许可企业61家。

2014年，上海数字出版产业营业收入658亿元，同比增长37.5%。上海拥有国家新闻出版广电总局核发的互联网出版许可企业65家。

2015年，上海数字出版产业营业收入750亿元，同比增长13.98%。上海共有互联网出版机构79家，其中网络游戏出版机构59家。

2016年，上海数字出版产业营业收入874.6亿元，同比增长16.6%。上海共有网络出版机构83家。

2017年，上海数字出版产业营业收入1039亿元，首次突破千亿元。

上海也是中国游戏产业的发祥地，一直扮演着引领者的角色。单机时代，暴雪、育碧、EA等国际顶尖企业纷纷在上海建立中国区总部；客户端游戏时代，盛大、九城、巨人、世纪天成、久游等企业齐聚上海，各领风骚，见证着上海游戏产业辉煌的历史。

2001年，上海盛大引进韩国网络游戏《传奇》，仅半年时间在线人数突破10万人。

2002年，上海第九城市信息技术有限公司获得韩国WEBZEN公司开发的游戏《奇迹MU》大陆独家代理权。

2003年，上海网络游戏销售收入约为13亿元，实现利润6亿元。上海网络游戏产业占全国七成市场份额，上海盛大、九城成为国内最大的两家网络游戏公司，全国十大最受欢迎的网络游戏中有6款在上海运营。上海网络游戏销售收入连续多年保持全国六成的占比。

2004年5月13日，上海盛大在美国纳斯达克证券交易所上市，每股发行价11.00美元，共募集资金1.52亿美元。

2004年12月15日，第九城市于美国纳斯达克证券交易所挂牌交易，发行当日收盘价21美元，融资金额1.03亿美元。

2005年，第九城市取得顶级网络游戏《魔兽世界》在中国地区的独家代理运营权。

2005年11月24日、28日和29日，盛大先后宣布3款主打游戏《梦幻国度》《热血传奇》和《传奇世界》实行"永久免费"，以"免费游戏、增值服务收费"的模式向用户开放，开创了网络游戏行业盈利新模式。

2006年8月，国产网络游戏《征途：风雨同舟》在上海运营，当年实现销售收入近6亿元人民币。

2007年11月1日，上海巨人网络（NYSE：GA）在美国纽交所成功上市，上市发行价为15.5美元，融资8.87亿美元。上市之后，巨人网络市值高达50多亿美元，成为当时中国市值最高的网络游戏公司。

2009年1月，上海巨人网络推出名为"赢在巨人"计划，为创业者提供资金、技术、团队补充和全国推广运营等全方位支持，是中国网络游戏业第一个天使投资。

2009年9月25日，上海盛大网络（Nasdaq：SNDA）旗下网络游戏业务盛大游戏在纳斯达克首次公开招股，计划筹集资金7.88亿美元。

2011年6月9日，上海淘米控股有限公司以"TOM"为交易代码在美国纽交所挂牌交易，开盘价为8.49美元。

2013年1月29日，浙江报业集团宣布定向增发，以34.9亿元收购盛大网络旗下的边锋网络和浩方游戏平台，拉开了资本收购游戏公司的大幕。

2014年，上海率先获准开展"国产网络游戏属地管理试点"工作，游戏审批申报材料和流程进一步得到提速和简化。

2015年，由上海盛大游戏开发，腾讯游戏合作运营的移动游戏《热血传奇》上线，月收入达到7亿元。

2017年，上海网络游戏销售收入约650.5亿元，同比增长15.2%，占全国32%市场份额。

"IP共营合伙人联盟"成立（2018年6月）

2004年1月,在新闻出版总署等中央部委的支持和推动下,首届中国国际数码互动娱乐产品及技术应用展览会(ChinaJoy)在北京应运而生,并取得了较好的反响。当时处于全国网络游戏行业绝对领先地位的上海洞察机遇,多方沟通争取。2004年10月,第二届China Joy如愿在上海国际博览中心盛大开幕。展区面积2.5万平方米,吸引了140家展商197款作品参展。之后,ChinaJoy永久落户上海,至今已连续举办了15届,成为全球顶尖的游戏展会。2017年,ChinaJoy吸引中外游戏厂商900余家,参展产品4000余款,商务洽谈交易额约4.75亿美元。

历届ChinaJoy入场人数、展商数量统计表:

年份	入场人数(万人)	展商总数(个)
2004年1月	6	129
2004年10月	7	140
2005年	8	156
2006年	9	161
2007年	10	163
2008年	11	170
2009年	13	187
2010年	14	190
2011年	15	283
2012年	16.2	349
2013年	20.6	360
2014年	25	450
2015年	27.3	800
2016年	32.55	900
2017年	34.27	900

在网络文学界，1998年蔡智恒在网络上发表《第一次的亲密接触》被认为是网络文学的起点。1999年上海榕树下网站成立，2002年起点中文网创立，上海网络文学发展迅猛，领先于全国，成为重要的文化现象。如今，网络文学作为通俗文学的时代符号，已经是中国当代文学不可分割的一部分，它的存在丰富了当代文学的样式。

1999年，上海榕树下计算机有限公司成立，"榕树下"成为首个文学类互联网品牌。

2002年，起点中文网创立，成为中国原创文学行业的起点。

2003年，起点中文网推出VIP制度，奠定了网络文学数字出版商业模式的基础。

2004年，起点中文网被盛大网络收购，成为盛大全资子公司。

2007年，盛大网络投资知名原创网站晋江文学城。晋江文学城创立于2003年8月,以爱情等原创网络小说而著名。

2008年,起点中文网WAP站成为十大移动网站之一。

2008年,盛大网络收购创立于1999年的原创文学网站红袖添香。

2008年,起点中文网的运营公司上海玄霆娱乐信息科技有限公司获得新闻出版总署核发的"互联网出版许可证"。

2009年,盛大文学收购创立于2001年的天津华文天下图书有限公司。

2009年,起点女生网成立。

2009年,盛大文学收购榕树下。

2010年,盛大文学收购女性文学网站潇湘书院、图书

中国网络文学20年发展研讨会

发行公司中智博文、原创网站小说阅读网、音频内容品牌天方听书。

2012年，上海作家俱乐部有限公司旗下华语文学网获新闻出版广电总局核发的"互联网出版许可证"。

2013年，创世中文网成立。

2013年，腾讯文学正式成立，创世中文网和云起书院成为其旗下核心原创品牌。

2013年，国内首个网络文学本科专业在上海设立，由盛大文学和上海视觉艺术学院联合创设。

2014年，腾讯文学品牌正式发布，由吴文辉出任腾讯文学CEO，总部位于上海。

2014年，腾讯文学启动泛娱乐战略。

2014年，上海市网络作家协会成立，作家陈村任会长。华语文学网正式上线运营。

2014年，首届"网络文学会客厅"在上海书展成功举办，由腾讯文学、盛大文学、上海淘米网络科技有限公司主办。

2015年，阅文集团挂牌，由腾讯文学和盛大文学组建。

2015年，QQ阅读5.0版率先推出基于大数据的信息流模式，成为首个个性化推送数字出版APP。

2015年，阅文集团创立"中国原创文学风云榜"。

2015年，"首届中国网络文学论坛"在上海揭幕。

2016年，由新闻出版广电总局组织开展的"2015年优秀网络文学原创作品推介活动"首次推介21部优秀网络文学原创作品，上海地区4部作品入选。

2016年，第一届网络原创文学现实题材征文大赛颁奖仪式在上海举行。

2016年，阅文集团发起"对盗版SAY NO"等系列活动，呼吁正版阅读。

2016年，阅文集团推出"IP共营合伙人制"，链接全产业链上下游，进入IP商业2.0时代。

2017年，起点国际正式上线。

2017年，阅文集团在香港联合交易所挂牌上市。

2016年阅文集团发起"对盗版SAY NO"系列活动

获奖图书

改革开放以来,上海出版的图书以质量优异著称,获奖图书众多,其中在国家级图书奖项中的获奖情况如下——

精神文明建设"五个一"工程评选活动,由中共中央宣传部组织,自1991年起开始举办。上海出版的图书在该评选活动中多次获奖。

精神文明建设"五个一"工程评选活动

由中共中央宣传部主办。包括一部好的戏剧、一部好的电视剧(片)、一部好的电影作品、一部好的图书(限社会科学方面)、一部好的理论文章(限社会科学方面)。1995年加入一首好歌和一部好的广播剧,但名称不变。上海出版的图书在该评选活动中多次获奖:

第一届(1991年度):《中国共产党70年图集》

第三届(1993年度):《英汉大词典》(缩印本)

第四届(1994年度):《邓小平理论与实践研究丛

书》(第一辑)

第五届(1995年度):《图说高新技术应用》

第六届(1997年度):《中国科学院院士自述》

第七届(1999年度):《中国人民解放军70年图集》《男生贾里全传》

第八届(2001年度):《中华人民共和国50年图集》《汽车城》

第九届(2003年度):《中国共产党历史图志》

第十届(2007年度):《山高水长:回忆父亲聂荣臻》

第十一届(2009年度):《长街行》

第十二届(2012年度):《国家命运——中国"两弹一星"的秘密历程》

第十三届(2014年度):《繁花》

第十四届(2017年度):《布罗镇的邮递员》

《汽车城》荣获精神文明建设"五个一工程"第八届"入选作品奖"

《山高水长:回忆父亲聂荣臻》

国家图书奖

由新闻出版总署于1992年设立,是全国图书评奖的最高奖。每两年举办一届。自1993年首次评选以来,截至2003年,共举办6届(2005年改为"中国出版政府奖")。

上海出版物荣获国家图书奖的有:

第一届国家图书奖(1994年)上海有18种图书获奖:《中国美术全集》(古代部分60卷)、《辞海》(1989年版)获国家图书奖荣誉奖;《华阳国志校补图注》等4种获国家图书奖;《中国共产党七十年图集》(上、下)等12种获国家图书奖提名奖。

第二届国家图书奖(1996年)上海有6种图书获奖:《中国文物精华大全》《思辨随笔》获国家图书奖;《幼儿画库》等4种获提名奖。

第三届国家图书奖(1997年)上海有13种图书获奖:《韬奋全集》《中国近代文学大系》获国家图书奖荣誉奖;《中国文学批评通史》等3种获国家图书奖;《中国古籍善本书目》等8种获提名奖。

第四届国家图书奖(1999年)上海有10种图书获奖:《中华文化通志》(101卷)获国家图书奖荣誉奖;《敦煌学大辞典》《肿瘤的诱导分化和凋亡疗法》获国

家图书奖;《民俗学概论》等7种获提名奖。

第五届国家图书奖(2001年)上海有12种图书获奖:《科学与艺术》《中华本草》获国家图书奖荣誉奖;《上海通史》《中国历史大辞典》获国家图书奖;《外国哲学大辞典》等8种获提名奖。

第六届国家图书奖(2003年)上海有11种图书获奖:《中国文物定级图典(一、二、三级品)》《续修四库全书》(1800册)获国家图书奖荣誉奖;《民国诗话丛编》等8种获提名奖;《上海人民难忘——抗击非典的日日夜夜》获特别奖。

《中国近代文学大系》
荣获国家图书奖荣誉奖获奖证书

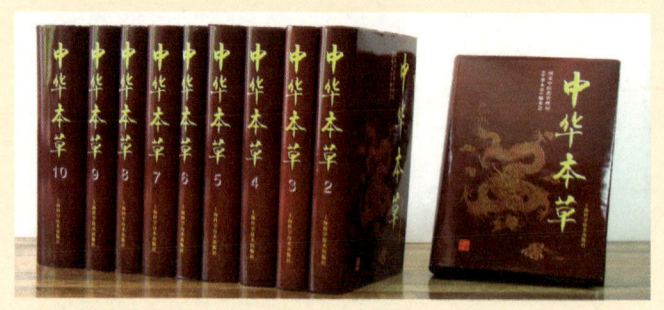

《中华本草》

中国出版政府奖

由新闻出版总署主办的全国性奖项，2005年设立，每三年评选一次，是中国新闻出版领域的国家最高奖项。该奖旨在表彰和奖励新闻出版业中有深远影响力的、作出突出贡献的优秀出版物、出版单位和个人。

中国出版政府奖设6个子项——图书奖，音像制品、电子出版物、网络出版物奖，毕昇优质印刷复制奖，装帧设计奖，先进出版单位奖，优秀出版人物奖；奖励数额每次共计200个。

上海出版的图书荣获中国出版政府奖的有：

首届中国出版政府奖（2008年）上海有19种图书获奖，其中《超级杂交稻研究》《山高水长：回忆父亲聂荣臻》《海派代表书法系列作品集》《古文字诂林》《全宋文》《肇域志》《十万个为什么》（新世纪普及版）等7种图书获图书奖，《中国人口史》（共6卷）等12种获图书奖提名奖。

第二届中国出版政府奖（2011年）上海有22种图书获图书奖：《中国古代青铜器综论》（上、中、下）、《中国家谱总目》（共10卷）、《中国教育史研究》（共7卷）、《500年来环境变迁与社会应对丛书》（共5种）、《汉俄大词典》、《中药大辞典》（第二版）等6

种获图书奖，《中国人民解放军历史图志》（上、下）等16种获图书奖提名奖。

第三届中国出版政府奖（2013年）上海有9种图书获图书奖：《中国古籍总目》（中华书局、上海古籍出版社）、《顾炎武全集》获图书奖，《商周青铜器铭文暨图像集成》等7种获图书提名奖。

第四届中国出版政府奖（2017年）上海有10种图书获图书奖：《大辞海》（全38卷）、《中国文字发展史》、《竺可桢全集》、《日本国见在书目录详考》等4种获图书奖，《中国行政区划通史》等6种获图书奖提名奖。

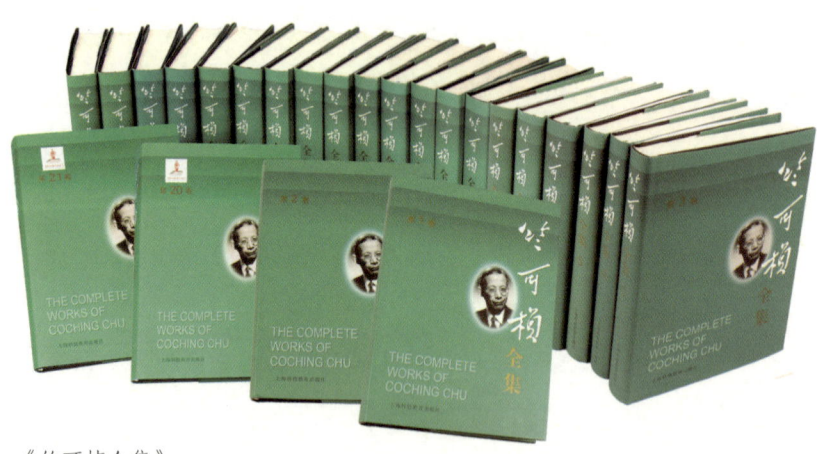

《竺可桢全集》

中国图书奖

由中国出版工作者协会主办,在中宣部、新闻出版署(后改为新闻出版总署)指导下,由中国图书评论学会承办的全国性、综合性图书奖,于1987年设立,每两年评选一次,共举办了14届(2005年改为"中国出版政府奖")。

上海出版物荣获中国图书奖的有:

首届(1987年),《社会主义宏观经济分析》《禅宗与中国文化》《少年自然百科辞典》(生物、生理卫生)获中国图书奖,《中国善本书目》(经部)获中国图书奖荣誉奖。

第二届(1988年),《生命伦理学》获中国图书奖荣誉奖。

第三届(1989年),《社会主义微观经济均衡论》《中国历代妇女妆饰》《沙孟海书法集》获中国图书奖荣誉奖。

第四届(1990年),《英汉大词典》(上)获一等奖,《中国印刷史》《朱生豪传》获二等奖,《社会主义经济通货膨胀导论》等3种获评委会提名表扬书目。

第五届(1991年),《隋唐文化》《中华文化史》获一等奖,《公有制宏观经济史纲》获评委会提名表扬书目。

第六届（1992年），《中国共产党七十年图集》《中国新文学大系》（1937—1949）获一等奖，《学者书库·史丛·论丛》等3种获二等奖。

第七届（1993年），《新编文史笔记丛书》《扫描隧道显微术及其应用》《近代中国社会的新陈代谢》《彩图幼儿知识百科》《教育大辞典》《西索简明汉外系列词典》获中国图书奖。

第八届（1994年），《市场经济学普及丛书》《幼儿画库》《中国民居》《现代肿瘤学》《汉英大辞典》获中国图书奖。

第九届（1995年），《公平分配——理论与战略》《中学百科全书》《中华奇石》《多目标规划有效性理论》获中国图书奖。

第十届（1996年），《现代西方经济学》《非洲通史》《韬奋全集》《中国古代军戎服饰》《中华传统文化观止丛书》《中华民族故事大系》《中国书法五体系列大字典》《现代汉语学习词典》《手的修复与再造》获中国图书奖。

第十一届（1998年），《香港全记录》《陈洪绶》《余纯顺孤身徒步走西藏》《二十五史新编》《中国藏药》《三毛大世界》《英汉计算机技术大词典》《中国文学大辞典》获中国图书奖。

第十二届（2000年），《中国通史》（导论）、《高温超导基础研究》《名家讲演录》《中国历代人名大辞典》《世界绘画珍藏大系》《中国诗学》《新世纪英语用法大词典》（缩印本）获中国图书奖。

第十三届（2002年），《中国共产党历史图志》（全三册）、《国际投资争端仲裁——"解决投资争端国际中心"机制研究》《现代汉语大词典》（上、下册）、《戴敦邦新绘全本红楼梦》《系统科学》《中国古籍稿钞校本图录》（三册）、《红色康乃馨》《新版小灵通漫游未来》获中国图书奖。

第十四届（2004年），《马克思画传》《中国花生栽培学》《海峡两岸课程与教学研究丛书》（6册）、《振飞曲谱》《现代组织学》《中国姓氏：群体遗传和人口分布》《晚明史（1573—1644）》（上、下卷）获中国图书奖。

《韬奋全集》

中华优秀出版物奖

由中国出版工作者协会主办的出版物奖，于2006年设立，每两年评选一次，设"图书奖""音像、电子和游戏出版物奖""优秀出版科研论文奖"3个子项奖。

上海出版的图书荣获中华优秀图书奖的有：

首届（2006年），《技术史》等4种获图书奖，《战略资产配置——长期投资者的资产组合选择》获提名奖。

第二届（2008年），"汉字构形史丛书"等4种获图书奖，《法国文化史》等6种获提名奖。

第三届（2010年），《辞海》（第六版）等4种获图书奖，《汉俄大词典》等6种获提名奖。

第四届（2013年），《怀袖雅物——苏州折扇》等6种获图书奖，"教育政策研究丛书"等10种获提名奖。

第五届（2015年），《远东国际军事法庭庭审记录、远东国际军事法庭庭审记录索引、附录》等9种获图书奖，《中国北方古代少数民族服饰研究》等2种获提名奖。

第六届（2016年），《甲午殇思》等6种获图书奖，《远东国际军事法庭庭审记录·中国部分》等14种获提名奖。

国家科学技术奖

根据1999年5月中华人民共和国国务院发布的《国家科学技术奖励条例》设立，是中华人民共和国在科学技术方面设立的国家级的奖励。上海先后有4种图书获奖。

1999年，《十万个为什么》荣获国家科学技术二等奖。

2009年，《彩图科技百科全书》《多彩的昆虫世界》荣获国家科学技术二等奖。

2010年，《追星》荣获国家科学技术二等奖。

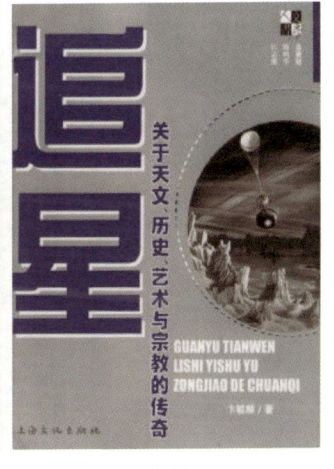

《多彩的昆虫世界》　　《追星》

茅盾文学奖

由中国作家协会主办,根据茅盾先生遗愿,为鼓励优秀长篇小说创作、推动中国社会主义文学的繁荣而设立,是中国具有最高荣誉的文学奖项之一。奖项每四年评选一次,参评作品需为长篇小说,字数在13万以上的作品。自2011年起,由于李嘉诚先生的赞助,茅盾文学奖的奖金从5万元提升到50万元,成为中国奖金最高的文学奖项。上海先后有3种图书获奖。

2011年,莫言《蛙》荣获第八届茅盾文学奖。

2015年,金宇澄《繁花》、格非《江南三部曲》获第九届茅盾文学奖。

《江南三部曲》　　《繁花》

上海图书奖历年获奖书目

1984年，上海出版工作者协会组织了1982—1984年上海市优秀图书评奖，1989年开始改由上海市新闻出版局和上海出版工作者协会（后改为上海出版协会）联合举办，作为上海地区评选的图书奖，每两年举办一次。

1984年

上海市优秀图书（1982—1984）评选结果如下：

一、优秀图书奖

《上海经济（1949—1982）》\ 上海人民出版社

《中国经济发展战略问题研究》\ 上海人民出版社

《中国近代史词典》\ 上海辞书出版社

《彩虹坪》\ 上海文艺出版社

《徐海东将军传》\ 上海文艺出版社

《中国善本书提要》\ 上海古籍出版社

《唐声诗》\ 上海古籍出版社

《德汉词典》\ 上海译文出版社

《教育心理学》\ 上海教育出版社

《中学语文教师手册》\ 上海教育出版社

《乱世少年》\ 少年儿童出版社

《九色鹿》\少年儿童出版社

《吴昌硕作品集（绘画）》\上海人民美术出版社

《中国成语故事》（连环画合订本）\上海人民美术出版社

《郑板桥书画月历》\上海书画出版社

《中国历代服饰》\学林出版社

《现代科学技术词典》\上海科学技术出版社

《内科理论与实践》\上海科学技术出版社

《中国大百科全书·纺织》\中国大百科全书出版社上海分社

《世界人口地理》\华东师范大学出版社

《上海交通大学管理改革初探》\上海交通大学出版社

《俄语翻译教程》\上海外语教育出版社

《审计学》\上海社会科学院出版社

《微处理机的程序设计和软件研制》\上海科学技术文献出版社

二、图书特别奖

《杂花图卷》（木版水印长卷）\上海书画出版社

1989年

上海市优秀图书（1985—1988）评选揭晓：

一、一等奖

《辽宁博物馆藏画》\ 上海人民美术出版社

《申报》（影印，全套400本）\ 上海书店

《十竹斋书画谱》\ 上海书画出版社

《中国历代货币大系（先秦货币）》\ 上海人民出版社

《中国美术全集·清代绘画》（上）\ 上海人民美术出版社

《汉语大词典》（1、2）\ 汉语大词典出版社

《少年自然百科辞典》（生物、生理卫生）\ 少年儿童出版社

《中国大百科全书·宗教卷》\ 中国大百科全书出版社上海分社

《中国历代妇女妆饰》\ 学林出版社

《中国近代史参考图录》\ 上海教育出版社

《华阳国志校补图注》\ 上海古籍出版社

《丁丑劫余印存》\ 上海书店

《建筑物的裂缝控制》\ 上海科学技术出版社

《剑南诗稿校注》（共8本）\ 上海古籍出版社

《故宫博物院藏宝录》\ 上海文艺出版社

《喉科学》\上海科学技术出版社

《道藏》（影印，全套36本）\上海书店

《世界五千年》（1—6本）\少年儿童出版社

《中国古籍善本书目（经部）》\上海古籍出版社

《国际金融概论》\华东师范大学出版社

《赵元任音乐作品全集》\上海文艺出版社

《彩图成语词典》\上海辞书出版社

《鄱阳湖研究》\上海科学技术出版社

《中国古代哲学的逻辑发展》（上、中、下）\上海人民出版社

《语文》（小学课本1—8）\上海教育出版社

《唐宋词鉴赏辞典》\上海辞书出版社

《英国诗选》\上海译文出版社

二、二等奖

《巴金六十年文选》\上海文艺出版社

《中国美学史大纲》\上海人民出版社

《上海市区方言志》\上海教育出版社

《中国历代织染绣图录》\上海科学技术出版社

《黄宾虹画集》\上海人民美术出版社

《中国古代工业史》\学林出版社

《中国美术辞典》\上海辞书出版社

《明末清初私人海上贸易》\华东师范大学出版社

《贺宜文集》（1—5）\少年儿童出版社

《敦煌故事》\少年儿童出版社

《戴伯韬科技教育文集》\上海科技教育出版社

《中国大百科年鉴》（1988）\中国大百科全书出版社上海分社

《中国近代民主思想史》\上海人民出版社

《中国教育家评传》（1—3）\上海教育出版社

《计算物理学》\复旦大学出版社

《名医特色经验精华》\上海中医学院出版社

《社会必要产品论》\上海人民出版社

《福建陶瓷》\上海人民美术出版社

《中国邮票图鉴》\上海文艺出版社

《老舍与中国文化观念》\学林出版社

《宋元语言词典》\上海辞书出版社

《社会主义微观经济均衡论》\上海三联书店

《沙孟海书法集》\上海书画出版社

《文艺鉴赏大成》\上海文艺出版社

《中国成语大辞典》\上海辞书出版社

《中国茶树栽培学》\上海科学技术出版社

《外语教育往事谈》\上海外语教育出版社

《民族词典》\上海辞书出版社

《当代书家墨迹诗文集》\上海书画出版社

《苏联百科词典》\中国大百科全书出版社上海分社

《统计发展史》\立信会计用品社

《桂林岩溶》\上海科学技术出版社

《难病辨治》\上海科学技术文献出版社

《新英汉儿童彩图词典》\上海译文出版社

《燃气轮机性能分析》\上海交通大学出版社

《今日汉语》（1—4，教师用书1—3）\复旦大学出版社

《中国近代学制史料》（第一辑上、下，第二辑上）\华东师范大学出版社

《中国英语教学史》\上海外语教育出版社

《中国医德史》\上海医科大学出版社

《世界空中作战八十年》\上海科学普及出版社

《古文观止新编》\上海古籍出版社

《台湾高山族研究》\上海三联书店

《鲁迅辑校石刻手稿》\上海书画出版社

《工科无机化学》\华东理工大学出版社

《中国古代气功与先秦哲学》\上海人民出版社

《中国名瓷工艺基础》\上海科学技术出版社

《中医诊法图谱》\上海中医学院出版社

《世界历史词典》\上海辞书出版社

《生存智慧论》\知识出版社、中国大百科全书出版社上海分社

《汉语口语900句》（附磁带）\上海教育出版社

《竞争与垄断——社会主义微观经济》\上海三联书店

《新部首大字典》\上海翻译出版公司

《皖南事变》\上海文艺出版社

《对〈资本论〉历史观的沉思》\学林出版社

《蔡元培画传》\上海人民美术出版社

《中国神话史》\上海文艺出版社

《无脊椎动物图谱》\上海教育出版社

《巧手万能小礼盒》\上海科技教育出版社

《华东旅游指南》（英文版）\上海翻译出版公司

《英语口语辞典》\上海外语教育出版社

《书法自学丛帖》（正书·行草·篆隶）\上海书画出版社

《爱情三部曲》\上海译文出版社

《梅兰竹菊画谱》\上海人民美术出版社

《随机振动理论及其应用》\同济大学出版社

1991年

上海市优秀图书（1989—1990）评选揭晓：

一、特等奖3种

《英汉大词典》\上海译文出版社

《辞海（1989年版）》\上海辞书出版社

《四高僧画集》\上海人民美术出版社

二、一等奖18种

《文心雕龙义证》\上海古籍出版社

《董其昌画集》\上海书画出版社

《中华文化史》\上海人民出版社

《中国古代史参考图录》\上海教育出版社

《建苑拾英》\同济大学出版社

《真的感悟》\上海文艺出版社

《中国风俗辞典》\上海辞书出版社

《中医文献学》\上海科学技术出版社

《学与教的心理学》\华东师范大学出版社

《隋唐文化》\学林出版社

《世界儿童文学名著故事大全》\少年儿童出版社

《现代玻璃科学技术》\上海科学技术出版社

《泰戈尔抒情诗选》\上海译文出版社

《中国美术全集·清代绘画》（中）\上海人民美术

出版社

《近代上海城市研究》\上海人民出版社

《中国地名词典》\上海辞书出版社

《中国花经》\上海文化出版社

《吐鲁番伯孜克里克石窟》\上海人民美术出版社

三、二等奖36种

《中外合资经营企业会计》\立信会计用品社

《中国珍稀濒危植物》\上海教育出版社

《中国编辑史》\复旦大学出版社

《实用中医文库》（英汉对照）\上海中医学院出版社

《一物多用的物理小实验》\上海科技教育出版社

《中国历代法书墨迹大观》\上海书店

《中国神怪故事大观》\少年儿童出版社

《中国道教史》\上海人民出版社

《光纤通信技术词典》\上海交通大学出版社

《朱屺瞻百岁画集》\上海人民美术出版社

《明刻套色〈西厢记〉图册》（木版水印）\上海书画出版社

《美国语言学简史》\上海外语教育出版社

《第二国际史》\上海社会科学院出版社

《中国民族音乐大系》\上海音乐出版社

《中国家禽品种志》\上海科学技术出版社

《现代课程论》\上海教育出版社

《瑞鹤图》(木版水印)\上海书画出版社

《中国人名大词典·历史人物卷》\上海辞书出版社

《公有制宏观经济理论大纲》\上海三联书店

《安全知识实用大全》\文汇出版社

《非参数统计》\上海科学技术出版社

《工业化和现代化中的职业卫生》(英文版)\上海医科大学出版社

《玉篇校释》\上海古籍出版社

《贵州傩面具艺术》\上海人民美术出版社

《敦煌吐鲁番学研究论文集》\汉语大词典出版社

《艺术史》\上海人民美术出版社

《中国行书大字典》\上海书画出版社

《实用中国养生全书》\学林出版社

《中国佛教》(三)(四)\知识出版社

《燃烧吧!上海》\上海文艺出版社

《甲醇生产技术及进展》\华东化工学院出版社

《现代三十年》\少年儿童出版社

《小学语文怎样教小丛书》\上海教育出版社

《自然科学年鉴1989》\上海翻译出版公司

《钱塘江鱼类资源》\上海科学技术文献出版社

《彩图世界名著100集》\少年儿童出版社

1994年

上海市优秀图书（1991—1993）评选揭晓：

一、荣誉奖1种

《汉语大词典》\汉语大词典出版社

二、特等奖3种

《中国共产党七十年图集》（上、下）\上海人民出版社

《中国医学百科全书》\上海科学技术出版社

《哲学大辞典》\上海辞书出版社

三、一等奖31种

《巴金对你说》\少年儿童出版社

《中国民居》\学林出版社

《中国桥梁》\同济大学出版社

《王梵志诗校注》\上海古籍出版社

《旧址》\上海文艺出版社

《四肢血管显微外科》（英文版）\上海科学技术出版社

《经济大辞典》\上海辞书出版社

《中国地方志集成·上海府县志辑》\上海书店

《代数曲面的纤维化》\上海科学技术出版社

《西藏艺术》（三卷本）\上海人民美术出版社

《近代中国社会的新陈代谢》\上海人民出版社

《现代肿瘤学》\上海医科大学出版社

《教育大辞典》\上海教育出版社

《奥赛罗》\上海译文出版社

《文化苦旅》\知识出版社

《中国鹿类动物》\华东师范大学出版社

《市场经济学普及丛书》(14种)\上海人民出版社

《黄宾虹画集》\上海书画出版社

《制度、技术与中国农业发展》\上海三联书店

《中国四大古典小说连环画》\上海人民美术出版社

《中国茶经》\上海文艺出版社

《车辆用柴油机总体设计》\上海交通大学出版社

《当代吴语研究》\上海教育出版社

《和风堂文集》\上海古籍出版社

《防火手册》\上海科学技术出版社

《彩图幼儿知识百科》(上、下)\少年儿童出版社

《土木建筑工程词典》\上海辞书出版社

《中国民间艺术》(上、下)\上海人民美术出版社

《汉英语林》\上海交通大学出版社

《孙位高逸图》\上海书画出版社

《萧友梅音乐文集》\上海文艺出版社

四、二等奖36种

《中国人参》\上海科技教育出版社

《生物工艺学》（上、下册）华东理工大学出版社

《古今汉语字典》\汉语大词典出版社

《西方经济学说史》\立信会计出版社

《中国神农架》\文汇出版社

《出版词典》\上海辞书出版社

《名师授课录》（高中数学）\上海教育出版社

《朋党政治研究》\华东师范大学出版社

《急诊医学》\上海科学技术出版社

《人民公仆倪天增》\百家出版社

《上海百年掠影》\上海人民美术出版社

《中西戏剧比较论稿》\学林出版社

《方志学》\复旦大学出版社

《中国译学理论史稿》\上海外语教育出版社

《中国绅士》\上海社会科学院出版社

《现代颈椎外科学》\上海远东出版社

《语言学百科词典》\上海辞书出版社

《彩色童话集》（4册）\少年儿童出版社

《嘉祐集校注》\上海古籍出版社

《十万个为什么（续编本）》（10册）\少年儿童出

版社

《历史选择了毛泽东》\上海人民出版社

《化学物质毒性全书》\上海科学技术文献出版社

《石油风云》\上海译文出版社

《华盛顿·欧文的世界》\上海外语教育出版社

《江寒汀画集》\上海人民美术出版社

《明代文学批评史》\上海古籍出版社

《高层建筑施工手册》\同济大学出版社

《中国建筑四十年》\同济大学出版社

《汉字写法规范字典》\上海辞书出版社

《世界文学随笔精品大展》\上海文艺出版社

《英国诗选》\上海译文出版社

《洋务运动史》\华东师范大学出版社

《战争与和平》\上海译文出版社

《动脑筋爷爷》（第2辑8册）\少年儿童出版社

《犹太百科全书》\上海人民出版社

《社会科学争鸣大系（1949—1989）》（10卷）\上海人民出版社

1996年

上海市优秀图书（1993.10—1995.10）评选揭晓：

一、荣誉奖3种

《中国文物精华大全》\上海辞书出版社

《思辨随笔》\上海文艺出版社

《邓小平理论与实践研究丛书》\上海人民出版社

二、特等奖2种

《韬奋全集》\上海人民出版社

《故宫博物院藏画》\上海人民美术出版社

三、一等奖26种

《莎士比亚四大悲剧》\上海译文出版社

《苍天在上》\上海文艺出版社

《金文大字典》\学林出版社

《上海博物馆藏敦煌文献集成》\上海古籍出版社

《有限元的预处理和后处理理论》\上海科学技术出版社

《明清名家书法大成》\上海书画出版社

《清代瓷器赏鉴》\上海科学技术出版社

《邓小平思想理论大辞典》\上海辞书出版社

《中国电影大辞典》\上海辞书出版社

《胃肠道造影原理与诊断》\上海科学技术文献出版社

《非洲通史（古、近、现）》\华东师范大学出版社

"巨人丛书：献给新世纪的新公民特辑"：《金猴小队》《男生贾里》《无规则游戏》《三个冒险家》\少年儿童出版社

《中国教育地图集》\上海科学技术出版社

《儿童辞海》\上海辞书出版社

《世纪回眸·人物系列（2）》\上海文艺出版社

《复杂系统中的电磁波》\复旦大学出版社

《室内室外局部、细部设计与装修系列丛书》\同济大学出版社

《中国云天》\上海科学普及出版社

《中国的奇迹：发展战略与经济改革》\上海人民出版社

《江南园林论》\上海人民出版社

《徐竹初木偶雕刻艺术》\上海人民美术出版社

《杜诗赵次公先后解辑校》\上海古籍出版社

《隋唐五代文学批评史》\上海古籍出版社

《上海普通教育史》\上海教育出版社

《中国保护动物 中国保护植物》\上海科技教育出版社

《全身CT和MRI》\上海医科大学出版社

四、二等奖30种

《醉太平》\上海文艺出版社

《中国厅堂·江南篇》\上海画报出版社

《实用中医儿科学》\上海科学技术出版社

《国家的作用》\上海译文出版社

《汉语新词词典》\汉语大词典出版社

《周锐童话选》\少年儿童出版社

《黄宾虹抉微画集》\上海书画出版社

《中国竹笛名曲荟萃》\上海文艺出版社

《甲骨文文字学》\学林出版社

《实用神经病学》\上海科学技术出版社

《宏观经济决策导向——致总统备忘录》\上海远东出版社

《文艺百话》\华东师范大学出版社

《柴油机增压及其优化控制》\上海交通大学出版社

《简明汉世词典》\上海外语教育出版社

《管理会计研究》\上海立信会计出版社

《中国禁毁小说百话》\上海古籍出版社

《弃儿汤姆·琼斯史》\上海译文出版社

《礼拜五》\上海译文出版社

《现代西方美学史》\上海文艺出版社

《新编文史笔记丛书》（1—4辑）\上海书店

《国际商务谈判》\上海三联书店

《迈向21世纪的上海》\上海人民出版社

《中华奇石》\上海古籍出版社

《宋蜀刻本唐人集丛书》\上海古籍出版社

《教育科学论稿》\上海教育出版社

《毛泽东思想大辞典》\上海辞书出版社

《中国戏曲剧种大辞典》\上海辞书出版社

《中小学科技活动课本》（18本）\上海科技教育出版社

《公平分配》\上海社会科学院出版社

《应用酶学》\华东理工大学出版社

1998年

上海市优秀图书评选（1995.11—1997.10）：

一、特等奖（3种）

《中国人民解放军70年图集》\上海人民出版社

《二千年前的哲言》\上海古籍出版社

《陈洪绶》\上海人民美术出版社

二、一等奖（19种）

《邓小平——当代中国马克思主义的创立者》\上海人民出版社

《视觉的神经机制》\上海科学技术出版社

《中国古代军戎服饰》\上海古籍出版社

《关联统计动力学》\复旦大学出版社

《学苑英华》（4种）\上海文艺出版社

《青少年科学百科全书》\上海译文出版社

《世界文字发展史》\上海教育出版社

《现代科学技术基础知识》（图画本）\上海教育出版社

《长相思》\上海文艺出版社

《宋元明清书画家传世作品年表》\上海书画出版社

《现代科技与上海》\上海科学普及出版社

《三毛大世界》（4册）\少年儿童出版社

《中国文学大辞典》\上海辞书出版社

《改革政府》\上海译文出版社

《分圆函数域》\上海科学技术出版社

《检察大辞典》\上海辞书出版社

《中国玉器赏鉴》\上海科学技术出版社

《韵图考》\华东师范大学出版社

《求索真文明》\上海古籍出版社

三、二等奖（23种）

《世界百年掠影》\上海人民美术出版社

《中国当代大学生价值观研究》\上海教育出版社

《非线性代数方程组与定理机器证明》\上海科技教育出版社

《马王堆帛书艺术》\上海书店

《英汉计算机技术大辞典》\上海交通大学出版社

《一氧化氮的生物医学》\上海医科大学出版社

《博弈论与信息经济学》\上海人民出版社

《走出忧患》\上海文艺出版社

《汉大商务汉语新词典》\汉语大词典出版社

《中国历史文化区域研究》\复旦大学出版社

《立信现代会计手册》\立信会计出版社

《反美学——在阐释中理解当代审美文化》\学林出

版社

《当代文坛大家文库》（5种）\ 上海文艺出版社

《育儿百科图典》\ 上海文艺出版社

《军事医学辞典》\ 上海辞书出版社

《追忆近代上海图史》\ 上海古籍出版社

《中国岩画》\ 上海三联书店

《蔡元培与近代中国》\ 上海社会科学院出版社

《中国寓言世界》\ 少年儿童出版社

《儿童百科图谱》（贰册）\ 少年儿童出版社

《医学美容学》\ 上海科学技术出版社

《犹太人在上海》\ 上海画报出版社

《简明汉葡词典》\ 上海外语教育出版社

2000年

上海市优秀图书（1997.11—1999.10）评选揭晓：

一、特等奖（8种）

《西方美学通史》\上海文艺出版总社

《中华本草》\上海科学技术出版社

《水稻基因组工程》\上海科学技术出版社

《中国京剧》\上海古籍出版社

《辞海》（99年版彩图本）\上海辞书出版社

《中国通史》\上海人民出版社

《十万个为什么》（新世纪版）\少年儿童出版社

《中华人民共和国50年图集》\上海人民出版社

二、一等奖（21种）

《学苑英华》（4种）\上海文艺出版总社

《汽车城》\上海文艺出版总社

《巨人丛书 多彩年华特辑》（5册）\少年儿童出版社

《高能碰撞多粒子产生》\上海科学技术出版社

《上海大型市政工程设计与施工丛书》\上海科学技术出版社

《张居正讲评资治通鉴皇家读本》\上海古籍出版社

《古突厥碑铭研究》\上海古籍出版社

《宗教大辞典》\上海辞书出版社

《英汉大词典补编》\ 上海译文出版社
《青少年科技活动大全》\ 上海科技教育出版社
《杨振宁文集（上下）》\ 华东师范大学出版社
《手外科手术学》\ 上海医科大学出版社
《西方国际政治学：历史与理论》\ 上海人民出版社
《上海近代建筑风格》\ 上海教育出版社
《黄宾虹文集》\ 上海书画出版社
《固体能带理论》\ 复旦大学出版社
《巴金随想录》（手稿本）\ 上海文艺出版总社
《哈扎尔辞典》\ 上海译文出版社
《大英博物馆藏古埃及艺术珍品》\ 上海画报出版社
《当代中国经济改革：战略与实施》\ 上海远东出版社
《范畴论》\ 复旦大学出版社

三、二等奖（27种）

《色彩设计在法国》\ 上海人民美术出版社
《中国工程院院士自述》\ 上海教育出版社
《简单物理系统的整体性》\ 上海科学技术出版社
《医疗护理常规》\ 上海科学技术出版社
《韦应物集校注》\ 上海古籍出版社
《英国文学的伟大传统》（3种）\ 上海译文出版社
《历代花鸟画精品集》\ 上海书画出版社
《中国婚姻家庭史》\ 学林出版社

《超越时空》\上海科技教育出版社

《天安门》\同济大学出版社

《上海通史》\上海人民出版社

《中国野生花卉图谱》\上海文艺出版总社

《世界近代史词典》\上海辞书出版社

《叫魂》\上海三联书店

《世界科技英才录》(4册)\上海科技教育出版社

《教学理论：课堂教学的原理、策略与研究》\华东师范大学出版社

《祆教史》\上海社会科学院出版社

《英汉航空航天新词典》\上海科学普及出版社

《走向绿色的发展》\复旦大学出版社

《英译中国现代散文选》(汉英对照)\上海外语教育出版社

《涡轮增压柴油机性能研究》\上海交通大学出版社

《会计学导论》(第二版)\立信会计出版社

《上海艺术史图志》\上海文艺出版总社

《走进新时代》\上海文艺出版总社

《上海百科》\上海科学技术出版社

《新中国经济发展史(1949—1998)》\上海财经大学出版社

《节趣》\学林出版社

2002年

上海市优秀图书（1999.11—2001.10）：

一、特等奖（4种）

《中国新民主革命通史》（12卷）\上海人民出版社

《世界文明史年表》\上海古籍出版社

《两系法杂交水稻的理论与技术》\上海科学技术出版社

《辽西早期被子植物及伴生植物群》\上海科技教育出版社

二、一等奖（25种）

《中国共产党历史图志》（3卷）\上海人民出版社

《中共上海党史大典》\上海教育出版社

《新英汉词典》（世纪版）\上海译文出版社

《中国古籍稿抄校本图录》\上海书店出版社

《黄河边的中国》\上海文艺出版总社

《大漠祭》\上海文艺出版总社

《中国服饰名物考》\上海文艺出版总社

《唐乐古谱译读》\上海文艺出版总社

《新世纪儿童版十万个为什么》\少年儿童出版社

《分子材料》\上海科学技术出版社

《中国茶树品种志》\上海科学技术出版社

《暗淡蓝点》\上海科技教育出版社

《中国散文史》\上海古籍出版社

《中国晚报学》\上海辞书出版社

《现代设计大系》\上海书画出版社

《魏晋南北朝文化》\学林出版社

《左右未来：美国国会的制度创新和决策行为》\复旦大学出版社

《朱子哲学研究年谱长编》\华东师范大学出版社

《英国小说批评史》\上海外语教育出版社

《制造系统信息集成技术》\上海交通大学出版社

《金匮指要》\上海中医药大学出版社

《现代酶学》\华东理工大学出版社

《博弈论》\上海财经大学出版社

《幽门螺杆菌研究进展》\上海科学技术文献出版社

《二十世纪大博览》\文汇出版社

三、二等奖（34种）

《解读上海1990—2000》\上海人民出版社

《西周史》\上海人民出版社

《当代教师进修丛书》\上海教育出版社

《百年科技回顾与展望》\上海教育出版社

《挪威的森林》\上海译文出版社

《超越增长》\上海译文出版社

《现代汉语大词典》\汉语大词典出版社

《中国留学生文学大系》\上海文艺出版总社

《新世纪图文系列读本》（6本）\上海人民美术出版社

《当代汉语词典》\上海辞书出版社

《各国历史寻踪》\上海辞书出版社

《哲学大辞典》（修订本）\上海辞书出版社

《小灵通西部行》\少年儿童出版社

《步入经典丛书》\少年儿童出版社

《江绍基胃肠病学》\上海科学技术出版社

《实用临床营养治疗学》\上海科学技术出版社

《系统科学》\上海科技教育出版社

《訄书详注》\上海古籍出版社

《吴湖帆书画集》\上海书画出版社

《生存之战》\上海远东出版社

《中国历代名画点读丛书》（4本）\上海画报出版社

《当代东正教神学思想》\上海三联书店

《因明学说史纲要》\上海三联书店

《我的视觉日记》\学林出版社

《译边草》\百家出版社

《同步辐射应用概论》\复旦大学出版社

《现代放射肿瘤学》\复旦大学出版社

《简明汉法词典》\上海外语教育出版社

《量子力学纠缠态表象及应用》\上海交通大学出版社

《图说中国古代战争战具》\同济大学出版社

《英汉——汉英会计审计词典》\立信会计出版社

《神经介入影像学》\上海科学技术文献出版社

《创新创造丛书》（3册）\上海科学普及出版社

《国有资产管理、运行与监督》\上海社会科学院出版社

2004年

上海市优秀图书（2001.11—2003.10）评选揭晓：

一、特等奖（3种）

"中国断代史系列专著"\上海人民出版社

《顾恺时胸心外科手术学》\上海科学技术出版社

《俄藏敦煌吐鲁番文献集成》\上海古籍出版社

二、一等奖（25种）

《中国书院》\上海教育出版社

《日汉大辞典》\上海译文出版社

《爱上QQ》\少年儿童出版社

《线性模型中的最小二乘法》\上海科学技术出版社

《黎鳌烧伤学》\上海科学技术出版社

《工部局董事会会议录》\上海古籍出版社

《钱境塘藏明代名人尺牍》\上海古籍出版社

《马克思主义哲学大辞典》\上海辞书出版社

《中国京剧衣箱》\上海辞书出版社

《中国十位著名经济学家批判》\学林出版社

《肝癌转移复发的基础与临床》\上海科技教育出版社

《华夏科学之光丛书》（5册）\上海科技教育出版社

《中国舞蹈文物图典》\上海文艺出版社

《百年巴金——名家诗文书画手迹集藏》\上海文艺

出版社

《中国清代官窑瓷器》\上海文艺出版社

《中国画历代名家技法图典》\上海书画出版社

《晋唐宋元国宝特集》\上海书画出版社

《中国姓氏》\华东师范大学出版社

《中国人口史》（1—6卷）\复旦大学出版社

《世界文化史故事大系》（10卷）\上海外语教育出版社

《音乐厅和歌剧院》\同济大学出版社

《人民科学家钱学森》\上海交通大学出版社

《当代国际垄断——巨型跨国公司综论》\上海财经大学出版社

《真空动力学》\上海科学普及出版社

《现代恶性淋巴瘤病理学》\上海科学技术文献出版社

三、二等奖（30种）

《现代企业中的劳动价值》\上海人民出版社

《执政党研究丛书》\上海人民出版社

《近代上海文学系列丛书》（4册）\上海教育出版社

《海边的卡夫卡》\上海译文出版社

《汉语成语实用词典》\汉语大词典出版社

《长大做什么》（上、下）\少年儿童出版社

《物理学家谈物理》（5种）\少年儿童出版社

《板壳后屈曲行为》\上海科学技术出版社

《环青海湖地区草地蝗虫遥感监测与预测》\上海科学技术出版社

《蛾术轩箧存善本书录》\上海古籍出版社

《经典图谱·山海经》\上海辞书出版社

《欧洲涅槃：过渡时期欧洲的发展概念》\学林出版社

《比较制度分析》\上海远东出版社

《人生舞台——阿西莫夫自传》（上、下册）\上海科技教育出版社

《鱼和它的自行车》\上海文艺出版社

《振飞曲谱》\上海文艺出版社

《〈三国演义〉连环画收藏本》\上海人民美术出版社

《设计指南（创意、版式、色彩）》\上海人民美术出版社

《淳化阁帖最善本》\上海书画出版社

《海上绘画全集》\上海书画出版社

《许寿裳文集》\百家出版社

《理解与批判——马克思意识形态的文本学研究》\上海三联书店

《中国经济的增长和价值创造》\上海三联书店

《英语辨析大词典》\华东师范大学出版社

《汉语字基语法》\复旦大学出版社

《虚拟制造的理论、技术基础与实践》\上海交通大学出版社

《英国通史》\上海社会科学院出版社

《现代排序论》\上海科学普及出版社

《享受健康人生——糖尿病细说与图解》\上海科学技术文献出版社

《心脏能量学——代谢与治疗》\第二军医大学出版社

四、入围奖（12种）

《科学是美丽的》\上海教育出版社

《中国社会科学院近代史研究所专刊》\上海书店出版社

《直面沟通》\少年儿童出版社

《古今数学思想》\上海科学技术出版社

《盛唐研究丛书》\上海辞书出版社

《细米》\上海文艺出版社

《朱践耳交响曲集》\上海文艺出版社

《上海艺术史》\上海人民美术出版社

《南水北调（东线）对长江河口生态环境影响及其对策》\华东师范大学出版社

《对比语言学》\上海外语教育出版社

《波谱解析法》\华东理工大学出版社

《新编成本会计学》\立信会计出版社

2006年

上海市优秀图书（2003.11—2005.10）评选揭晓：

一、特等奖（4种）

《古文字诂林》（12册）\上海教育出版社

《技术史》\上海科技教育出版社

《话说中国》（16卷）\上海文艺出版总社

《锦绣文章》\上海书画出版社

二、一等奖（23种）

《他改变了中国：江泽民传》\上海世纪出版集团

《二十世纪中国社会科学》\上海人民出版社

《中美关系史（上、中、下）》\上海人民出版社

《心理学大辞典（上、下）》\上海教育出版社

《彩图科技百科全书》\上海科学技术出版社

《组织工程学理论与实践》\上海科学技术出版社

《肇域志》\上海古籍出版社

《夏商周青铜器研究》\上海古籍出版社

《中国古今地名大词典》\上海辞书出版社

《王正敏耳显微外科学》\上海科技教育出版社

《当代中国城市雕塑·建筑壁画》\上海书店出版社

《<寒夜>手稿珍藏本》\上海文艺出版社

《力量——改变人类文明的50大科学定理》\上海文

化出版社

"中国昆曲精选剧目曲谱大成"系列\上海音乐出版社

《不能忘记的抗战》\上海画报出版社

《楚文字编》\华东师范大学出版社

《名家专题精讲》(第三辑)\复旦大学出版社

《中国经济史》\复旦大学出版社

《法国文学史》\上海外语教育出版社

《盛宣怀年谱长编》\上海交通大学出版社

《徐匡迪文集》\上海大学出版社

《宗教思想史》\上海社会科学院出版社

《科学大师》\上海科学普及出版社

三、二等奖(32种)

《邓小平战略思想与21世纪的中国战略》\上海人民出版社

《中共上海历史实录(1949—2004)》\上海教育出版社

《法汉—汉法袖珍词典》\上海译文出版社

《哲学的慰藉》\上海译文出版社

《唐代文学百科辞典》\汉语大词典出版社

《好大一棵树·陈伯吹儿童文学奖大奖作品集》\少年儿童出版社

《团簇物理学》\上海科学技术出版社

《水稻株型育种》\上海科学技术出版社

《上海史研究译丛》\上海古籍出版社

《中国文学鉴赏大系》（18册）\上海辞书出版社

《中国社会科学院学术文库》（41册）\上海辞书出版社

《宋拓凤墅法帖》（经折装）\上海书店出版社

《汉族风俗史》\学林出版社

《当代中国经济改革》\上海远东出版社

《数学大师——从芝诺到庞加莱》\上海科技教育出版社

《近代来粤传教士评传》\百家出版社

《贺友直画三百六十行》\上海人民美术出版社

《中国诗词》（修订版）\上海人民美术出版社

《黄宾虹年谱》\上海书画出版社

《乌克兰：沉重的历史脚步》\华东师范大学出版社

《上海文学通史》\复旦大学出版社

《西方数学文化理念传播译丛》\复旦大学出版社

《新世纪英汉多功能词典》\上海外语教育出版社

《大都会从这里开始》\同济大学出版社

《基因工程》\华东理工大学出版社

《非织造学》\东华大学出版社

《入世博弈共赢——互补性竞争与规则性合作》\上海财经大学出版社

《欧洲传播思想史》\上海三联书店

《遍地枭雄》\文汇出版社

《近代上海城市发展与城市综合竞争力》\上海社会科学院出版社

《简明中国冰川目录》\上海科学普及出版社

《原来如此》（10册）\上海科学技术文献出版社

四、入围奖（21种）

《晚清华洋录》\上海人民出版社

《中国政治文明视野下的党的执政能力建设》\上海人民出版社

《21世纪数学教育探索丛书》（10册）\上海教育出版社

《研究性学习教师读本》（4册）\上海教育出版社

《夏洛的网》\上海译文出版社

《你在天堂里遇见的5个人》\上海译文出版社

《安徒生童话名家选本》（2册）\少年儿童出版社

《系统性红斑狼疮》\上海科学技术出版社

《研究性学习的理想与现实》\上海科技教育出版社

《托尔斯泰小说全集》\上海文艺出版社

《新中国舞蹈事典》\上海音乐出版社

《走近中国》\上海人民美术出版社

《东巴文异体字研究》\华东师范大学出版社

《西周金文文字系统研究》\华东师范大学出版社

《中草药的生物技术》\复旦大学出版社

《中国文学中的商人世界》\复旦大学出版社

《新世纪英语用法精粹词典》\上海外语教育出版社

《软件开发项目管理》\上海交通大学出版社

《中级财务会计》\立信会计出版社

《大狗喀啦克拉的公寓》\中国福利会出版社

《小巴掌童话》\中国福利会出版社

2008年

上海市优秀图书（2005.11—2007.10）评选揭晓：

一、特等奖（3种）

《全宋文》（360册）\上海辞书出版社

《山高水长》\上海文艺出版社

《海派代表书法家系列作品集》（10卷）\上海书画出版社

二、一等奖（27种）

《中国史学史》（6卷）\上海人民出版社

《中国人民解放军历史图志（上、下）》\上海人民出版社

《汉字构形史丛书》（8册）\上海教育出版社

《基因宝库丛书》（10册）\上海教育出版社

《英汉大词典》（第2版）\上海译文出版社

《玄奘西游记》\上海书店出版社

《非常小子马鸣加》（8本）\少年儿童出版社

《中国小麦栽培理论及实践》\上海科学技术出版社

《血液恶性疾病基因异常和靶向治疗》\上海科学技术出版社

《两头蛇——明末清初的第一代天主教徒》\上海古籍出版社

《战国策笺证》（上、下）\上海古籍出版社

《大辞海·军事卷》\上海辞书出版社

《嫦娥书系》（6册）\上海科技教育出版社

《品三国》（上、下）\上海文艺出版社

《新世纪中国舞蹈文化的流变》\上海音乐出版社

《现代设计小辞典》\上海人民美术出版社

《巴黎丛书：法国文化史》（1—4卷）\华东师范大学出版社

《生物学前沿技术在医学研究中的应用》\复旦大学出版社

《中国文学史新著》\复旦大学出版社

《新牛津英汉双解大词典》\上海外语教育出版社

《从量子力学到量子光学》\上海交通大学出版社

《1929年大崩盘》\上海财经大学出版社

《清史纪事本末》（10卷本）\上海大学出版社

《洋商史——上海：1843—1956》\上海社会科学院出版社

《浦东逻辑》\上海三联书店

《现代内科学进展》\上海科学技术文献出版社

《人类生殖生物学》\上海科学技术文献出版社

三、二等奖（40种）

《李济文集》（5卷）\上海人民出版社

《汪伪政权全史》（上、下）\上海人民出版社

《中国历史地理概述》\上海教育出版社

《20世纪思想史》\上海译文出版社

《索尔·贝娄文集》（四卷本）\上海译文出版社

《上海：一座现代化城市的编年史》\上海书店出版社

《阅读儿童文学》\少年儿童出版社

《现代周围神经外科学》\上海科学技术出版社

《特种钻探工艺学》\上海科学技术出版社

《上海图书馆藏明清名家手稿》\上海古籍出版社

《四库存目标注》\上海古籍出版社

《中国历代职官别名大辞典》\上海辞书出版社

《甲骨文校释总集》\上海辞书出版社

《文明的辉煌》\学林出版社

《中国增长模式抉择》\上海远东出版社

《旷世奇才——巴丁传》\上海科技教育出版社

《我的名字叫红》\上海世纪出版集团

《视觉人类学》\上海文艺出版社

《传承——上海市第四批优秀历史建筑》\上海文化出版社

《最忆是江南》\上海人民美术出版社

《中国高职院校艺术设计专业实用教材》\上海人民美术出版社

《中国山水画通鉴》\上海书画出版社

《广艺舟双楫注》\上海书画出版社

《纸上纪录片系列》（6种）\上海锦绣文章出版社

《傈僳族竹书文字研究》\华东师范大学出版社

《言语障碍的评估与矫治》\华东师范大学出版社

《国际投资法的新发展与中国双边投资条约的新实践》\复旦大学出版社

《新时期利益关系丛书》\复旦大学出版社

《文学翻译与文化参与——晚清小说翻译的文化研究》\上海外语教育出版社

《英汉军事大词典》\上海外语教育出版社

《外教社简明希伯来语汉语—汉语希伯来语词典》\上海外语教育出版社

《中国传统建筑形制与工艺》\同济大学出版社

《微传感器》\上海交通大学出版社

《功能高分子材料》\华东理工大学出版社

《新型纺织纱线》（英文版）\东华大学出版社

《谢晋电影选集》\上海大学出版社

《会计准则理论研究》\立信会计出版社

《二十世纪音乐的和声技法》\上海音乐学院出版社

《陆在易合唱曲集（总谱）》\上海音乐学院出版社

《分子界面化学基础》\上海科学技术文献出版社

四、入围奖（21种）

《意识形态与美国外交》\上海人民出版社

《心理学新进展丛书》（11册）\上海教育出版社

《公司社会责任思想》\格致出版社

《飞翔，哪怕翅膀断了心》\少年儿童出版社

《非线性互补理论与算法》\上海科学技术出版社

《实用中医骨伤科学》\上海科学技术出版社

《蒙古入侵时期的突厥斯坦》\上海古籍出版社

《科学发展观百科辞典》\上海辞书出版社

《地球探赜索隐录——地质学思想史》\上海科技教育出版社

《追风筝的人》\上海世纪出版集团

《周国平人文演讲录》\上海文艺出版社

《俄罗斯新生代现实主义作品集》\上海人民美术出版社

《寻觅意义》\上海锦绣文章出版社

《中国税收制度史》\华东师范大学出版社

《唐诗三百首全解》\复旦大学出版社
《捷克文学史》\上海外语教育出版社
《扬州园林》\同济大学出版社
《荷马社会研究》\上海三联书店
《中外纹饰艺术大图典丛书》\上海科学技术文献出版社
《颜氏家藏尺牍》\上海科学技术文献出版社
《小巴掌童话》\中国福利会出版社

2010年

上海市优秀图书（2007.11—2009.10）评选揭晓：

一、荣誉奖（2种）

《辞海》（第六版）（彩图本）\上海辞书出版社

《长街行》\上海文艺出版社

二、特等奖（3种）

《中华海洋本草》\上海科学技术出版社

《中国家谱总目》\上海古籍出版社

《中国新文学大系·第五辑》\上海文艺出版社

三、一等奖（27种）

《中华人民共和国60年图集》\上海人民出版社

《500年来环境变迁与社会应对丛书》\上海人民出版社

《中华人民共和国历史图志》\上海人民出版社

《中外心理学比较思想史》（三卷）\上海教育出版社

《崩溃》\上海译文出版社

《近代文学批评史》（8卷，中文修订本）\上海译文出版社

《远逝的辉煌》\上海科学技术出版社

《中华民族永生细胞库的建立》\上海科学技术出版社

《中华易学大辞典》\上海古籍出版社

《上海博物馆藏甲骨文字》\上海辞书出版社

《欧洲历史大辞典》\上海辞书出版社

《中国恒星观测史》\学林出版社

《明代文化》\学林出版社、上海科技教育出版社

《大流感——最致命瘟疫的史诗》\上海科技教育出版社

《剑桥世界人类疾病史》\上海科技教育出版社

《中国花鸟画通鉴》（20种）\上海书画出版社

《中古汉字流变》\华东师范大学出版社

《走出中世纪·二集》\复旦大学出版社

《哈耶克法律哲学》\复旦大学出版社

《汉俄大词典》\上海外语教育出版社

《中国桥梁史纲》\同济大学出版社

《走进殿堂的中国古代科技史》\上海交通大学出版社

《中国经济发展史》\上海财经大学出版社

《危险穴位临床解剖学》\第二军医大学出版社

《英国国家档案馆庋藏近代中文舆图》\上海社会科学院出版社

《人类疾病动物模型复制方法学》\上海科学技术文献出版社

《美国对华情报解密档案》（8卷本）\东方出版中心

四、二等奖（39）

《当代上海历史图志》\上海人民出版社

《成长文库》\上海教育出版社

《中国心理学思想史》\上海教育出版社

《新的伟大革命》\上海教育出版社

《昆曲汤显祖"临川四梦"全集》\上海教育出版社

《寂静的春天》\上海译文出版社

《中国资本市场的发展与变迁》\格致出版社

《崇善楼书系》（6册）\上海书店出版社

《相信童话》\少年儿童出版社

《高温超导应用研究》\上海科学技术出版社

《陈澧集》\上海古籍出版社

《南宋史丛书》\上海古籍出版社

《上海大辞典》\上海辞书出版社

《十年轮回：从亚洲到全球的金融危机》\上海远东出版社

《神经导航外科学》\上海科技教育出版社

《东方之冠，鼎盛中华》\上海文化出版社

《血脉中华——老区60年》\上海文化出版社

《钢琴家大辞典（A–Z）》\上海音乐出版社

《神奇秘谱乐诠》\上海音乐出版社

《中国高等院校艺术设计学系列教材》\上海人民美术出版社

《上海，城市的记忆》\上海人民美术出版社

《1956，潘光旦调查行脚》\上海锦绣文章出版社

《晚清史》\百家出版社

《中外文明同时空》\上海锦绣文章出版社

《剪花娘子——库淑兰》\上海锦绣文章出版社

《咬文嚼字三百篇》\上海文化出版社

《儿童心理学手册》\华东师范大学出版社

《杨国荣著作集》\华东师范大学出版社

《中国儒学之精神》\复旦大学出版社

《城市社会问题经济学》\复旦大学出版社

《中德文化丛书》\上海外语教育出版社

《德汉科技大词典》\同济大学出版社

《郑观应年谱长编》\上海交通大学出版社

《纳米芯片学》\上海交通大学出版社

《盲信号处理——理论与实践》\上海交通大学出版社

《量子化学》\华东理工大学出版社

《中国近代股份制企业研究》\上海财经大学出版社

《美术考古学丛书》\上海大学出版社

《绝版李鸿章》\文汇出版社

五、提名奖（31）

《变化社会中的政治秩序》\上海人民出版社

《上海改革开放三十年研究丛书》\上海人民出版社

《上海迎世博市民读本》\上海教育出版社

《健康需求与医疗保障制度建设》\格致出版社

《近代史资料文库》（10卷）\上海书店出版社

《开心女孩》\少年儿童出版社

《邱蔚六颌面外科学》\上海科学技术出版社

《南北朝经学史》\上海古籍出版社

《中国中医古籍总目》\上海辞书出版社

《见证：上海金融改革30年》\上海远东出版社

《复兴之路》\上海文艺出版社

《美国视觉传达完全教程》\上海人民美术出版社

《哈琼文》\上海人民美术出版社

《中国异体字•篆书编》\上海人民美术出版社

《大写的人》\上海锦绣文章出版社

《张翎小说精选》\华东师范大学出版社

《主流观念与政策变迁的政治经济学》\复旦大学出版社

《20世纪中欧、东南欧文学史》\上海外语教育出版社

《改革开放30年中国外语教育发展丛书》\上海外语教育出版社

《地基——结构动力相互作用分析方法》\同济大学出版社

《湿空气透平循环的基础研究》\上海交通大学出版社

《超氧化物歧化酶》\华东理工大学出版社

《服装设计风格》\东华大学出版社

《回溯历史》\ 上海财经大学出版社

《中国经济运行风险研究报告2008》\立信会计出版社

《二胡协奏曲10首》\上海音乐学院出版社

《气管和支气管外科学》\第二军医大学出版社

《徐訏文集》\上海三联书店

《走进北极》\上海科学普及出版社

《西部地标丛书》\上海科学技术文献出版社

《鲁平——口述香港回归》\中国福利会出版社

2012年

第12届上海图书奖（2009.11—2011.10）评选揭晓：

一、特等奖（3种）

《中国共产党90年图集》\上海人民出版社

《清代诗文集汇编》\上海古籍出版社

《钱学森文集（1938—1956海外学术文献）》\上海交通大学出版社

二、一等奖（32种）

《藏传佛教艺术发展史》\上海书画出版社

《春尽江南》\上海文艺出版社

《大飞机出版工程》\上海交通大学出版社

《当代中国经济改革教程》\上海远东出版社

《菲茨杰拉德文集》（9卷）\上海译文出版社

《敦煌丝绸艺术全集·法藏卷》（英文版）\东华大学出版社

《汉英大词典》\上海译文出版社

《黑天鹅紫水晶》\少年儿童出版社

《贺友直自说自画》\上海人民美术出版社

《上海教育丛书》（13册）\上海教育出版社

《上海的外国文化地图》（中文版，全8册）\上海锦绣文章出版社

《上海城市社会生活史丛书》（全25卷）\上海辞书出版社

《清华大学藏战国竹简》（壹）\中西书局

《临床内分泌学》\上海科学技术出版社

《黎族研究大系》（1—4卷）上海大学出版社

《巨变：上海城市重大工程建设实录丛书》\中西书局

《江泽民在上海》\上海人民出版社

《基督教大辞典》\ 上海辞书出版社

《中药天然产物大全》（共12卷）\上海科学技术出版社

《中国震撼：一个"文明型国家"的崛起》\上海人民出版社

《中国原生态舞蹈文化》\上海音乐出版社

《中国译学大辞典》\上海外语教育出版社

《中国历代建筑典章制度》\同济大学出版社

《中国古天文图录》\上海科技教育出版社

《越南汉文燕行文献集成》\复旦大学出版社

《越南汉文小说集成》\上海古籍出版社

《徐光启全集》\上海古籍出版社

《现代心脏病学》\复旦大学出版社

《夏鼐日记》（10卷）\华东师范大学出版社

《蛙》\上海文艺出版社

《图像学研究：文艺复兴时期艺术的人文主题》\上海三联书店

《海上文学百家文库》\上海文艺出版社

三、二等奖（40种）

《30亿年来的辽宁古生物》\上海科技教育出版社

《古陶瓷热释光测定年代研究》\上海科学技术出版社

《怀袖雅物——苏州折扇》\上海书画出版社

《见证辉煌——中国共产党90年文物图集》\上海教育出版社

《教育政策研究丛书》（7册）\上海教育出版社

《中国植物地理》\上海科学技术出版社

《中国玉米品种及其系谱》\上海科学技术出版社

《中国消防手册》（共15卷）\上海科学技术出版社

《中国染织服饰史图像导读》\东华大学出版社

《中国古今地名对照表》\上海辞书出版社

《中国共产党执政史》\上海人民出版社

《中国村支书》\上海文化出版社

《政治世界的思想者》\复旦大学出版社

《圆明园劫难记忆译丛》（第一辑）\中西书局

《英汉对照连环画（穆桂英、千里走单骑、黛玉葬花）》\上海人民美术出版社

《新中国连环画图史（1949—2009）》\上海人民美术出版社

《现代中国思想的核心观念》\上海人民出版社

《希望——拯救濒危动植物的故事》\上海科技教育出版社

《文化战略》\复旦大学出版社

《晚明汉文西学经典：编译、诠释、流传与影响》\复旦大学出版社

《天文学史》\上海交通大学出版社

《史学之魂：当代西方马克思主义史学研究》\复旦大学出版社

《时间与空间中的俄语与俄罗斯文学》\上海外语教育出版社

《上海武康路：风貌保护道路的历史研究与保护规划探索》\同济大学出版社

《上海少年儿童报刊简史》\少年儿童出版社

《上海城区史》\学林出版社

《清末时新小说集》\上海古籍出版社

《清代文化》\学林出版社

《前辈的身影》\中西书局

《罗振玉学术论著集》\上海古籍出版社

《镜宫》\少年儿童出版社

《景德传灯录译注》\上海书店出版社

《解读敦煌》（13卷）\华东师范大学出版社

《教师教育新观察译丛》\华东师范大学出版社

《剑桥统计学辞典》\上海财经大学出版社

《加缪全集》（4卷）\上海译文出版社

《会计大百科辞典》\上海财经大学出版社

《华乐大典——二胡卷》\上海音乐出版社

《古文字释要》\上海教育出版社

《第二性（Ⅰ、Ⅱ）》\上海译文出版社

四、入围奖（25种）

《海上风云——辛亥革命在上海》\上海人民出版社

《我的父辈——开国元勋、开国将帅、开国功臣后代深情回忆》\上海人民出版社

《我的父辈——中国共产党著名烈士后代深情回忆》\上海人民出版社

《孙中山、宋庆龄丛书》\上海教育出版社

《大转型：互联的关系型合约理论与中国奇迹》\格致出版社

《佛藏》\上海书店出版社

《烙印——难忘的纪念日》\少年儿童出版社

《近现代辞源》\上海辞书出版社

《上海市非物质文化遗产名录图典》\上海文化出版社

《上海现代美术史大系（连环画卷）》\上海人民美术出版社

《南京历代碑刻集成》\上海书画出版社

《规范汉字大学堂》\上海锦绣文章出版社

《电子媒介人的崛起》\复旦大学出版社

《南非文学史》\上海外语教育出版社

《新中国成立60周年外语教育发展研究丛书》\上海外语教育出版社

《全乐府》\上海交通大学出版社

《张元济年谱长编》（上下卷）\上海交通大学出版社

《揭露，为了预防——我国儿童性侵犯研究报告》\华东理工大学出版社

《葛家澍会计文集》\立信会计出版社

《21世纪100个会计学难题》\立信会计出版社

《西夏艺术史》\上海三联书店

《C形包围——内忧外患下的中国突围》\文汇出版社

《海派报业》\文汇出版社

《国际名流与近代上海》\上海科学技术文献出版社

《上海图书馆藏稀见辛亥革命文献》\上海科学技术文献出版社

2014年

第13届上海图书奖（2011年11月—2013年10月）评选揭晓：

一、荣誉奖3种

《中国古籍总目》\中华书局、上海古籍出版社

《顾炎武全集》\上海古籍出版社

《国家命运——中国"两弹一星"的秘密历程》\上海文艺出版社

二、特等奖2种

《裘锡圭学术文集》\复旦大学出版社

《远东国际军事法庭庭审记录》\上海交通大学出版社

三、一等奖30种

《超常增长：1979—2049年的中国经济》\上海人民出版社

《芬尼根的守灵夜》（第一卷）\上海人民出版社

《中国教育大百科全书》（四卷）\上海教育出版社

《托·斯·艾略特文集》\上海译文出版社

《十万个为什么》（第六版）\少年儿童出版社

《临床遗传学》\上海科学技术出版社

《新能源出版工程》（23分册）\上海科学技术出版社

《Wiesel骨科手术学》（四卷）\上海科学技术出版社

《上海世博会建设丛书》\上海科学技术出版社

《植物激素作用的分子机理》\上海科学技术出版社

《中国社会科学院历史研究所藏甲骨集》\上海古籍出版社

《王运熙文集》\上海古籍出版社

《商周青铜器铭文暨图像集成》\上海古籍出版社

《中国青铜器辞典》\上海辞书出版社

《集韵校本》（全三册）\上海辞书出版社

《中国农村改革（2002—2012）》\上海远东出版社

《科学编年史》\上海科技教育出版社

《成为和平饭店》\上海文艺出版社

《繁花》\上海文艺出版社

《2010—2012中国最美的书》（创意版）\上海人民美术出版社

《二十世纪中国画史》\上海人民美术出版社

《西藏萨迦寺佛教艺术》（三卷）\中西书局

《杜威全集（1899—1924）中期著作》\华东师范大学出版社

《琉球王国汉文文献集成》\复旦大学出版社

《科学外史》\复旦大学出版社

《新牛津英汉双解大词典》（第2版）\上海外语教育出版社

《中国金融思想史》（上下）\上海交通大学出版社

《科学发展观与中国经济改革和开放》\上海财经大学出版社

《中国会计准则的国际趋同效果研究》\立信会计出版社

《宋史礼志辨证》\上海三联书店

四、二等奖44种

《新发展方式与中国的未来》\上海人民出版社

《胡道静文集》（七卷本）\上海人民出版社

《民间信仰与中国社会研究系列》\上海人民出版社

《高郎桥纪事》\上海人民出版社

《汉语方言地理学》\上海教育出版社

《高中国际课程的实践与研究》\上海教育出版社

《哈扎尔辞典（阴本）》\上海译文出版社

《中国的农地制度、农地流转和农地投资》\格致出版社

《汤汤缤纷成长童话集》\少年儿童出版社

《茶树害虫化学生态学》\上海科学技术出版社

《中国棉花栽培学》\上海科学技术出版社

《日常宫内厅书陵部藏（宋元版汉籍选刊）》\上海古籍出版社

《中国增长模式抉择》\上海远东出版社

《肝脏移植手术图解》\上海科技教育出版社

《希格斯——"上帝粒子"的发明与发现》\上海科技教育出版社

《日夜书》\上海文艺出版社

《龟兹佛教艺术史》\上海文化出版社

《中小学音乐教育词典》\上海音乐出版社

《中国绘画史（藏真版）》\上海人民美术出版社

《刑警803》\上海人民美术出版社

《海派百年代表画家系列作品集》\上海书画出版社

《海上生明月——中国近代美术之源》\上海书画出版社

《中国书法大事年表》\上海书画出版社

《红色起点——中国共产主义运动早期稀见文献汇刊》\中西书局

《中国学术编年》\华东师范大学出版社

《尼耳斯·玻尔集》\华东师范大学出版社

《北山楼词话》\华东师范大学出版社

《建构民主——中国的理论、战略与议程》\复旦大学出版社

《西方史学通史》\复旦大学出版社

《后六十种曲》\复旦大学出版社

《匈牙利文学史》\上海外语教育出版社

《美国艺术与科学院院士理论与批评经典》\上海外语教育出版社

《收缩的城市》\同济大学出版社

《地下工程动态反馈与控制》\同济大学出版社

《量子力学的相空间理论》\上海交通大学出版社

《电影编剧的秘密》\上海交通大学出版社

《波浪与海床交互作用的多孔介质理论》\上海交通大学出版社

《政治思想史》\上海财经大学出版社

《钱伟长学术论文集》\上海大学出版社

《诚信之路》\立信会计出版社

《灾难医学》\第二军医大学出版社

《脊椎侧凸外科学》\第二军医大学出版社

《中国云南少数民族音乐考源》\上海三联书店

《俞曲园手札·曲园所留信札》\上海科学技术文献出版社

五、入围奖26种

《上海电信史》\上海人民出版社

《落脚城市》\上海译文出版社

《中华创世纪》\少年儿童出版社

《中高能核探针与原子核结构》\上海科学技术出版社

《张謇全集》\上海辞书出版社

《初中科学拓展阅读丛书》\上海科技教育出版社

《花街往事》\上海文艺出版社

《七步成诗》\上海文艺出版社

《艺术名家设计特色精品课程》\上海人民美术出版社

《更大的信息——戴维·霍克尼谈艺录》\上海人民美术出版社

《中国近代外籍移民美术史》\上海书画出版社

《榆枋斋学林》\华东师范大学出版社

《当代中国比较文学研究文库》\复旦大学出版社

《中国居民消费前沿问题研究》\复旦大学出版社

《沥青路面结构行为学》\同济大学出版社

《信息时代的计算机科学理论》\上海交通大学出版社

《深层生态学：阐释与整合》\上海交通大学出版社

《船舶工艺技术》\上海交通大学出版社

《国家破产：主权债重组机制研究》\上海财经大学出版社

《中国经济运行风险研究报告2013》\立信会计出版社

《胸部疾病循征影像学》\第二军医大学出版社

《激励法学探析》\上海社会科学院出版社

《城市的胜利》\上海社会科学院出版社

《新中国电影美学史（1949—2009）》\上海三联书店

《自律的发明：近代道德哲学史》\上海三联书店

《肝胆胰肿瘤——病理、影像与临床》\上海科学技术文献出版社

2016年

第14届上海图书奖评选结果揭晓：

一、特等奖2种

《宋会要辑稿》\上海古籍出版社

《竺可桢全集》\上海科技教育出版社

二、一等奖28种

《细讲中国历史丛书》\上海人民出版社

《蒋孔阳全集》\上海人民出版社

《Y染色体与东亚族群演化》\上海科学技术出版社

《突触》\上海科学技术出版社

《上海光源首批线站设计与研制》\上海科学技术出版社

《中国出土古医书考释与研究》\上海科学技术出版社

《基础教育公平论——中国基础教育公平与均衡发展的政策研究》\上海教育出版社

《莎士比亚全集》\上海译文出版社

《悲伤与理智》\上海译文出版社

《陕西药王山碑刻艺术总集》\上海辞书出版社

《中国考古学大辞典》\上海辞书出版社

《宋人轶事汇编》\上海古籍出版社

《戊戌变法的另面："张之洞档案"阅读笔记》\上

海古籍出版社

《甲午殇思》\上海远东出版社

《中国钢琴独奏作品百年经典（1913年—2013年）》\上海音乐出版社

《中国书法史绎》\上海书画出版社

《名家讲稿系列丛书》\上海人民美术出版社

《上海美术专科学校档案史料丛编》\中西书局

《中国文字发展史》\华东师范大学出版社

《<杂阿含经>校释》\华东师范大学出版社

《朝鲜通信使文献选编》\复旦大学出版社

《汤显祖戏剧全集》（英文版）\上海外语教育出版社

《城市地下空间出版工程·防灾与安全系列》\同济大学出版社

《大上海都市计划》\同济大学出版社

《邹韬奋年谱长编》\上海交通大学出版社

《光物理研究前沿系列》\上海交通大学出版社

《社会工作流派译库》\华东理工大学出版社

《上海旅游资源图志》\上海科学普及出版社

三、二等奖35种

《中国协商民主的逻辑》\上海人民出版社

《〈存在与时间〉释义》\上海人民出版社

《飞越天使街》\少年儿童出版社

《机器人胰腺外科手术学》\上海科学技术出版社

《洛杉矶雾霾启示录》\上海科学技术出版社

《100年汉语新词新语大辞典（1912年—2011年）》\上海辞书出版社

《辞海论》\上海辞书出版社

《舒新城日记》\上海辞书出版社

《考古学：理论、方法与实践》（第六版）\上海古籍出版社

《盛宣怀档案选编》\上海古籍出版社

《史记会注考证》\上海古籍出版社

《蟠虺》\上海文艺出版社

《昆剧志》\上海文化出版社

《舒曼钢琴作品全集》\上海音乐出版社

《中华人民共和国国歌》\上海音乐出版社

《木雁斋书画鉴赏笔记》\上海书画出版社

《同盟国的胜利——抗日战争图志》\上海锦绣文章出版社

《新中国美术图史：1966—1976》\上海人民美术出版社

《中国古籍原刻翻刻与初印后印研究》\中西书局

《美国中国学发展史：以历史学为中心》\中西书局

《杜威全集·晚期著作（1925—1953）》\华东师范大学出版社

《近代日本对华军事谍报体系研究（1868—1937）》\复旦大学出版社

《中国史学史讲义稿》\复旦大学出版社

《现代呼吸病学》\复旦大学出版社

《从边缘到经典：美国本土裔文学的源与流》\上海外语教育出版社

《新世纪汉英百科大词典》\上海外语教育出版社

《BIM应用·施工》\同济大学出版社

《电弹性理论》（英文版）\上海交通大学出版社

《复杂网络化系统的牵制控制》（英文版）\上海交通大学出版社

《分子逻辑计算》\华东理工大学出版社

《诺贝尔经济学奖获得者文库》\上海财经大学出版社

《中国经济发展史（1949—2010）》\上海财经大学出版社

《原生艺术：界外者艺术起源》\上海大学出版社

《埃及通史》\上海社会科学院出版社

《汪道涵文集》\上海三联书店

四、提名奖27种

《德政之要——〈资治通鉴〉中的智慧》\上海人民

出版社

《我的中国梦丛书》\少年儿童出版社

《南海岛屿生态地质学》\上海科学技术出版社

《中国文学十讲》\上海教育出版社

《著名中年语言学家自选集》\上海教育出版社

《中国传统文化经典系列》\上海译文出版社

《秦腔大辞典》\上海辞书出版社

《科学简史——从文艺复兴到星际探索》\上海科技教育出版社

《中国野生大豆资源的研究与利用》\上海科技教育出版社

《服务经济发展——中国经济大变局之趋势》\格致出版社

《缥缈的峰》\上海文艺出版社

《新世纪小说大系》\上海文艺出版社

《二十世纪音乐——现代欧美音乐风格史》\上海音乐出版社

《1949—1979中国工业设计珍藏档案》\上海人民美术出版社

《全球视野艺术丛书》\上海人民美术出版社

《上海字记——百年汉字设计档案》\上海人民美术出版社

《夏葆元素描记忆手册》\上海人民美术出版社

《古典风格：海顿、莫扎特、贝多芬》\华东师范大学出版社

《一个瑞士人眼中的晚清帝国》\华东师范大学出版社

《包容与互洽：产学研合作中政府与市场作用机制研究》\复旦大学出版社

《大数据环境下城市交通分析技术》\同济大学出版社

《改变世界经济地理的"一带一路"》\上海交通大学出版社

《口腔颌面——头颈部肿瘤生物学》\上海交通大学出版社

《大国方略——走向世界之路》\上海大学出版社

《战略性新兴产业科普读本丛书》\上海科学技术文献出版社

《中法西绎：<中国丛报>与十九世纪西方人的中国法律观》\上海三联书店

《牙齿，牙齿，扔屋顶》\中国中福会出版社

2018年

第15届"上海图书奖"评选揭晓：

一、荣誉奖（5种）

《日本国见在书目录详考》\上海古籍出版社

《大辞海》\上海辞书出版社

《布罗镇的邮递员》\少年儿童出版社

《竺可桢全集》\上海科技教育出版社

《中国文字发展史》\华东师范大学出版社

二、特等奖（4种）

《章太炎全集》\上海人民出版社

《中国古生物研究丛书》\上海科学技术出版社

《中华民族文化大系》（第一辑）\上海文化出版社

《中国能源新战略——页岩气出版工程》\华东理工大学出版社

三、一等奖（27种）

《论人民民主》\上海人民出版社

《杨宽著作集》（第一辑）\上海人民出版社

《中国科举制度通史》\上海人民出版社

《中国财政制度史》\上海人民出版社

《杨周翰作品集》\上海人民出版社

《近代汉语词典》\上海教育出版社

《博尔赫斯全集》\上海译文出版社

《日本当代文化思想译丛》\上海译文出版社

《非线性波动方程》\上海科学技术出版社

《世界裸子植物分类和地理分布》\上海科学技术出版社

《陆机集校笺》\上海古籍出版社

《新疆图志》（附索引）\上海古籍出版社

《杜甫集校注》\上海古籍出版社

《宋人轶事汇编》\上海古籍出版社

《心理学辞典》\上海辞书出版社

《中国乐舞史料大典》\上海音乐出版社

《开天辟地——中华创世神话》（原创连环画绘本）\上海人民美术出版社

《方闻中国艺术史著作全编》\上海书画出版社

《上海城市地图集成》\上海书画出版社

《肩水金关汉简》（壹—伍）\中西书局

《中国近代经济地理》\华东师范大学出版社

《王安石全集》\复旦大学出版社

《中国行政区划通史》\复旦大学出版社

《地下结构设计理论与方法及工程实践》\同济大学出版社

《中国科学技术通史》\上海交通大学出版社

《癌症进化发育学》\第二军医大学出版社

《1917—1919：马克思主义经济学在中国的传播启蒙》\上海财经大学出版社

四、二等奖（39种）

《江南城镇通史》\上海人民出版社

《心理学形态研究系列》\上海教育出版社

《跟大卫·哈维读〈资本论〉》（第二卷）\上海译文出版社

《日本新中产阶级》\上海译文出版社

《新供给经济学——供给侧结构性改革与持续增长》\格致出版社

《工程科技发展战略研究丛书》\上海科学技术出版社

《百年中医史》\上海科学技术出版社

《宗子维城——从考古材料的角度看公元前1000至前250年的中国社会》\上海古籍出版社

《宫崎市定亚洲史论考》\上海古籍出版社

《古汉字字形表系列》\上海古籍出版社

《守望丹青——从沈周到黄胄，笔墨肖像一百人》\上海辞书出版社

《古代汉语文化百科词典》\上海辞书出版社

《强军策》\上海远东出版社

《火星科学概论》\上海科技教育出版社

《家书：青年时期写给父亲母亲》\上海文艺出版社

《郑君里全集》\上海文化出版社

《敦煌乐舞》\上海音乐出版社

《书艺问道——吕敬人书籍设计说》\上海人民美术出版社

《海派绘画大系》\上海书画出版社

《中国金石学史》\华东师范大学出版社

《古代世界历史地图集》\华东师范大学出版社

《日本学者古代中国研究丛刊》（第一辑）\复旦大学出版社

《水经注校笺图释——渭水流域诸篇》\复旦大学出版社

《中国翻译家研究》\上海外语教育出版社

《城市地下空间出版工程·规划与设计系列》\同济大学出版社

《面向未来的交通出版工程·政策与规划丛书》\同济大学出版社

《骨科植入物工程学》\上海交通大学出版社

《核能与核技术出版工程》\上海交通大学出版社

《历代舆服志图释——辽金卷》\东华大学出版社

《中国纺织通史》\东华大学出版社

《财政制度国际比较》\立信会计出版社

《自贸区背景下的供应链转型与创新》\上海浦江教育出版社

《米塞斯大传》\上海社会科学院出版社

《苏格兰：现代世界文明的起点》\上海社会科学院出版社

《中国模式研究》\上海社会科学院出版社

《中国古龠考论》\上海三联书店

《上海地区馆藏未刊中医钞本提要》\上海科学技术文献出版社

《大小大》\中国福利会出版社

《中国文物地图集·上海分册》\中华地图学社

五、提名奖（33种）

《中国传奇：浦东开发史》\上海人民出版社

《钢铁是这样炼成的——努力建设世界上最强大的政党》\上海人民出版社

《五百年来王阳明》\上海人民出版社

《数学家的智慧——胡和生文集》\上海教育出版社

《厄普代克作品》\上海译文出版社

《纵横"一带一路"——中国高铁全球战略》\格致出版社

《梦想是生命里的光》\少年儿童出版社

《中国水产养殖区域分布与水体资源图集》\上海科学技术出版社

《新疆出土涉医文书辑校》\上海科学技术出版社

《语法化词汇化与汉语研究丛书》\学林出版社

《中小学STEM教育丛书》\上海科技教育出版社

《觅诗记》\上海文艺出版社

《日月楼中日月长》\上海文化出版社

《艺术简史》\上海人民美术出版社

《论巴赫》\华东师范大学出版社

《近代诗钞》\华东师范大学出版社

《王献唐年谱长编》\华东师范大学出版社

《日藏唐代汉字抄本字形表》\华东师范大学出版社

《明人诗话要籍汇编》\复旦大学出版社

《浦东历代要籍选刊》\复旦大学出版社

《现代真菌病学》\复旦大学出版社

《叶芝诗选》\上海外语教育出版社

《德国国家教育报告》\上海外语教育出版社

《国际认知语言学经典论丛》\上海外语教育出版社

《远东国际军事法庭庭审记录·中国部分》\上海交通大学出版社

《中国经济发展史（1840—1949）》\上海财经大学出版社

《饱和潜水医学保障》\第二军医大学出版社

《重大工程项目建设的环境管理》\华东理工大学出版社

《创新路上大工匠》\上海大学出版社

《中国经济运行风险研究报告2016》\立信会计出版社

《世俗时代》\上海三联书店

《分享经济的爆发》\文汇出版社

《拥抱群星——与青少年一同走近天文学》\上海科学普及出版社

最美的书

"中国最美的书"创立于2003年,是上海市新闻出版局主办的书籍设计年度评选活动,邀请海内外顶尖的书籍设计师担任评委,选出当年度"中国最美的书",并送往德国莱比锡参加次年度"世界最美的书"的评选。

经过15年的发展和完善,"中国最美的书"已经成为中国书籍设计领域的知名品牌,也为中国优秀的图书设计走向世界提供了一个展示平台。

"中国最美的书"的评审标准,既与"世界最美的书"评选要求相接轨,又反映了中华文化的特质和精髓。其评审在坚持将书籍设计的整体性摆在首位的前提下,同时坚持以下原则:书籍内容与形式的完美结合,书籍设计对于书籍本身功能的提升,设计风格与适宜手感的和谐统一,以及作为设计重要元素的技术手段的运用。值得欣慰的是,经过多年的努力倡导与积累,"中国最美的书"的理念已日益为中国的出版界和设计界所接受，其产生的效应和影响也逐渐显现。

15年来，先后有15批、321种"中国最美的书"亮相德国莱比锡，有19种荣获"世界最美的书"的奖项，其中2项获金奖。这样的成绩，既从一个侧面反映了当今中国书籍设计的成就和水平，也体现了中国的书籍设计者通过不断与外界的联系和交流，在立足于本民族文化的特质和精髓的基础上，融合世界设计潮流，不断进行创新和探索的精神。"中国最美的书"已经成为中国文化"走出去"的成功样本，成为中国优秀图书设计和优秀设计师走向世界的重要平台。

2004年德国莱比锡"世界最美的书"评选活动现场

2004—2018年中国获评"世界最美的书"一览表

获奖年份	书名	获奖类别	出版社	设计师
2004	梅兰芳（藏戏曲史料图画集（上下）	金奖	河北教育出版社	版式设计：蠹鱼阁（申少君）、高绍红 封面设计：张志伟
2005	朱叶青杂说	荣誉奖	中国友谊出版社	何君
2005	土地	荣誉奖	湖南美术出版社	王序
2006	曹雪芹风筝艺术	荣誉奖	北京工艺美术出版社	赵健工作室
2007	不裁	铜奖	江苏文艺出版社	朱赢椿
2008	After——之后	荣誉奖	天津杨柳青画社	耿耿、王成福
2009	中国记忆——五千年文明瑰宝	荣誉奖	文物出版社	吕旻、杨靖
2010	诗经	荣誉奖	高等教育出版社	刘晓翔
2011	漫游——建筑体验与文学想象（中英双语版）	荣誉奖	中国青年出版社	小马哥、橙子
2012	剪纸的故事	银奖	人民美术出版社	吕敬人
2012	文爱艺诗集	银奖	作家出版社	刘晓翔、高文
2014	刘小东在和田与新疆新观察	荣誉奖	中信出版社	小马哥、橙子
2014	2010——2012中国最美的书	荣誉奖	上海人民美术出版社	刘晓翔
2016	订单——方圆故事	金奖	广西美术出版社	李瑾
2016	学而不厌	铜奖	江苏凤凰美术出版社	曲闵民、蒋茜
2017	虫子书	银奖	广西师范大学出版社	朱赢椿、皇甫珊珊
2017	冰冷川墨刻	荣誉奖	海豚出版社	周晨
2018	园冶注释	银奖	中国建筑工业出版社	张悟静
2018	茶典	荣誉奖	商务印书馆	潘焰荣

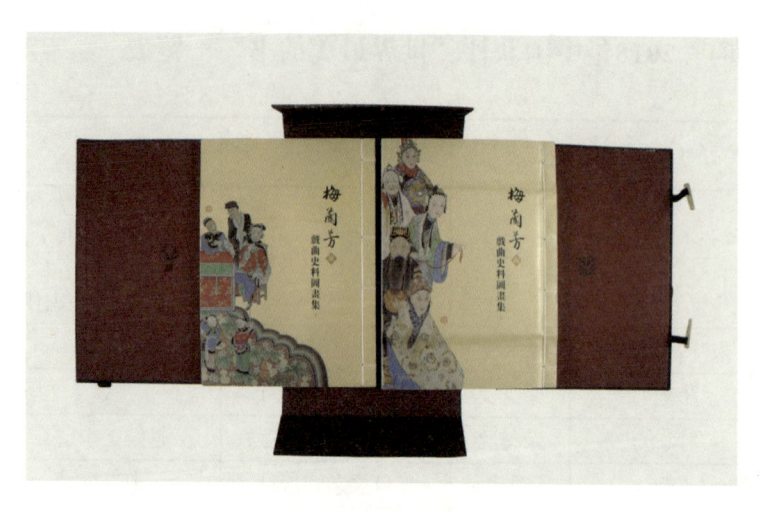

《梅兰芳(藏)戏曲史料图画集》
在莱比锡荣获2004年度"世界最美的书"金奖

《2010—2012中国最美的书》在莱比锡
荣获2014年度"世界最美的书"荣誉奖

《订单——方圆故事》 在德国莱比锡荣
获2016年度"世界最美的书"金奖

发行渠道

党的十一届三中全会以后,上海的图书发行事业发生了重大改变,以改革、开放、搞活为主线,按照以国有书店为主体,多种流通渠道、多种经济成分、多种购销形式、少流通环节的格局,进行了一系列改革,实体书店得到进一步发展。1965年上海国有图书零售点90个,1980年增至149个,1988年有240个,1995年有291个……2017年,全市实体书店共有2115家。

1978年5月,为解决"文化大革命"造成的严重"书荒",国家出版局动用印制《毛泽东选集》的备用纸集中重印中外文学著作35种,在上海、北京等地新华书店发行。两个月内,读者通宵达旦排队买书,仅上海就累计发行150多万册,一时盛况空前。南京东路新华书店排队买书最多的一天达1.6万人。上半年,新华书店上海发行所向全国各地发行沪版中外文学名著200万册。

1983年,上海辞书出版社在全国同业中率先成立发行所,自办本社图书的全部总发行任务。由此,出版社自办发行迅速发展，从开办邮购业务、建立门市部，到大力开展批发、产销直接见面等，弥补了新华书店主渠道的不足，扩大了图书发行量。

1986年底，上海共有销售书刊的个体户373户，从业人员418人；仅1986年12月，全市书刊个体户的销售额就达39万元。

1978年9月，上海书店、上海外文书店从上海新华书店划出，直属上海市出版局领导。

1985年1月，上海书店改名上海图书公司。1999年加入上海世纪出版集团，现为上海世纪出版股份有限公司的全资子公司。2015年7月更名为上海图书有限公司。下辖上海古籍书店、艺术书坊、特价书店、上海博古斋、艺苑真赏社等机构，拥有上海香港三联书店有限公司、上海天明货运服务有限公司、上海旧书店、新文化服务社等控股、投资公司。

1985年5月，上海外文书店改名为上海外文图书公司，是全国第一家地方性图书进出口公司。1992年中国出版对外贸易总公司上海分公司并入上海外文图书公司。2013年并入上海世纪出版集团。2015年11月更名为上海外文图书有限公司。

1992年11月，上海久远经营公司成立，专门向超市、便利店进行图书报刊的配送。

1993年6月，由南市区政府和市新闻出版局联合筹办的"上海文庙书刊交易市场"挂牌成立。这是文化领域引进市场机制的一次尝试，共有13个省市46家出版发行企业进场交易，总营业面积近1000平方米，年营业额约1亿元。

1994年3月，上海计算机广场在中国科技图书公司三楼1200平方米的营业大厅开业。

1995年2月，中国科技图书公司和德国贝塔斯曼股份有限公司合资经营的上海贝塔斯曼文化实业有限公司，经市外资委和工商局批准开业。

1998年12月，上海贝塔斯曼文化实业有限公司列入市中外合资试点单位。

1998年12月，作为市府实事工程和上海市主要标志性文化设施建筑之一的上海书城建成开业。同时，上海书城网上书店开通。

2000年6月10日，上海新华发行集团成立，这是以上海新华书店、新华书店上海发行所、上海书城、中国科技图书公司、上海音乐图书公司和全市20个区县新华书店的全部资产为纽带，按现代企业制度组建的新型企业。集团拥有资产12.6亿元，年销售收入20多亿元，总营业面积5万多平方米。

2002年3月，思考乐书局美罗店开张，曾先后开设思考乐徐家汇店、福州路店、浦东店、正大广场店。2012年首推24小时书店。

2005年，思考乐书局倒闭，由江苏大众书局图书连锁有限公司接盘，在原思考乐门店开设大众书局。

2006年10月，上海新华发行集团以核心业务板块组建的上海新华传媒股份有限公司成功"借壳上市"，成为中国出版发行企业中第一家A股上市公司。

2008年，上海市农家书屋工程进入全面实施阶段，年内建成1000家农家书屋。

2012年2月，市新闻出版局出台扶持引导实体书店政策。《上海市出版物发行网点建设扶持资金管理办法》《上海市出版物发行网点建设引导目录》发布，这是国内首次出台的综合配套扶持实体书店发展的地方政府规范性文件。

2013年7月5日—9月29日，上海文庙书刊交易市场整体迁至大宁路上海市书刊交易市场。

2017年4月，上海15家市级单位联合印发《关于上海市支持实体书店发展的实施意见》。

2017年12月，上海发布《关于加快本市文化创意产业创新发展的若干意见》（简称"上海文创50条"），强调落实《关于上海市支持实体书店发展的实施意见》。

上海书城外景

2000年6月10日，上海新华发行集团在上海书城门前广场举行成立仪式

2006年10月17日，上海新华发行集团运用资产整合、股权收购、资产置换等一系列手段，成功借壳上市，旗下控股公司上海新华传媒股份有限公司成为中国出版发行第一股

书展书市

自1978年以来的40年间,上海出版发行企业举办了各种主题书展、书市,为活跃图书市场、丰富上海市民的精神文化生活作出了贡献。

1979年9月,上海新华书店和上海人民出版社等联合在上海市工人文化宫举办"庆祝建国30周年图书展览会",接待读者12万人次。

1981年9月6—20日,上海新华书店在上海工业展览馆(北馆)主办"1981年上海书市",展销书刊2万多种,销售图书400万册,销售额240万元,接待读者24万人次。

1984年12月8日,为祝贺巴金同志80诞辰,上海文联等单位联合举办"巴金同志书刊著作展览",展出472种书刊。

1985年4月30日—5月6日,市出版局和香港国际展览公司等单位在上海展览中心举办上海国际书展,展出16个国家和地区113家出版社的1.1万种图书。

1986年3月,由《文汇读书周报》举办的"文汇书

上海书店会同南市区文化馆等单位举办的"文庙旧书集市"
(1987年4月24日—1987年5月5日)

1985年4月30日—5月6日,上海市出版局与香港国际展览公司联合主办的"上海国际书展"在上海展览中心举行

展"开幕,之后每年举行一届,直到1997年,共举办12届。

1986年3月,文庙旧书集市由南市区文化馆和上海书店在文庙联合创办,每逢星期天开市。

1986年9月6—20日,上海新华书店和解放日报社等单位联合在上海展览中心举办"1986上海书市",销售图书250万册,销售额340万元,接待读者20万人次。

1987年5月24日—6月2日,由上海市出版工作者协会主办的上海出版社联合看样订货会暨首届联合书市举行,近10万读者参加,实现订货518万元、零售40万元的业绩。以后每年举办一届,第四届时定名为上海出版社联合看样订货会,又称为沪版图书订货会,直至2003年,共计进行了18届(2004年开始,改称中国书业馆配年会每年举办)。

1988年10月20—25日,海峡两岸图书展览会在上海中国科技图书公司举行,展出中国内地图书2万多种、台湾地区图书4000余种,成为海峡两岸首次合作举办的书展。

1989年9月8—27日,上海新华书店等单位在上海展览中心联合举办89上海书展,共接待读者2.1万余人,销售图书8.6万册。

1990年8月30日—9月12日,市新闻出版局、新华书店总店、上海新华书店联合主办的第三届全国书市在上海展览中心举行，各地230家出版社的4万多种图书展销，接待读者22万人次，销售图书144万册，销售520多万元。

1991年10月6—15日，首届上海科技博览会科技书市由中国科技图书公司承办，10天接待读者5.2万人次，实现销售201.3万元。

1992年5月8日，上海新华书店、上海艺术书店在上海市工人文化宫举办为期11天的92上海艺术图书大联展，实现图书销售6万多册，销售38万余元。

1992年9月18日，市卫生局、市书刊发行业协会、上海新华书店和上海医学书店在上海市工人文化宫举办首届全国医学图书展销，实现销售37.5万元。

1992年10月9日，上海新华书店、上海省版书店联合在上海市工人文化宫举办全国地方版图书大联展，实现销售46.75万元。

1993年9月6日，上海新华书店、上海市教育局图书馆工作委员会等联合主办的93上海教育书展开幕，展出图书6000余种，10天销售50万元。

1993年10月18—30日，93上海科技博览会科技书市在中国科技图书公司举行，接待读者19.5万人次，销售226.6万元。

1996年7月13—17日，由新闻出版署主办的中国出版成就展在北京举行。上海参展图书3000种，上海出版馆获得最佳组织奖和最佳设计奖。

1996年10月2—5日，中国少儿出版物成就展在北京举行，上海选送1000种少儿读物参展，上海展团获得组委会表彰。

1996年8月9—18日，首届上海图书节暨96上海书市在上海展览中心举行，来自全国500多家出版社的10万余种图书、音像制品及电子出版物参展，共接待读者30万人次，图书1100万元。

1998年12月30日—1999年1月8日，第二届上海书市举行，共接待读者81万人次，总销售1073万元。书市主会场上海书城接待读者13万人次，销售470万元。

2001年11月10日，由上海市新闻出版局主办"科技出版百年回顾展"在上海书城开幕，展期一周，被列为"2001上海科技节"主活动之一。

2001年12月28日，2001上海读书节第三届上海书市暨东方出版交易中心、东方书城开业典礼在浦东新上海商业城举行，为期10天，全市主渠道销售2200.79万元，比平时增长了10%。

2003年8月10—13日，2003上海图书交易会在光大会展中心举行，全国367家出版社参展，订货码洋达7.7亿元，在参展规模、订货金额、入场人次等各项指标上大幅度刷新纪录。

上海书展

　　上海市新闻出版局主办的2004上海书展7月28日—8月2日在上海展览中心举行，这是上海有史以来最大规模的图书文化盛会。经过15年的历练，其公众化特征不断凸显：参展出版单位从170多家增加到500多家；文化活动从170余项发展到1000余项；海内外嘉宾、作者、学者和文化名人从100多人增加到近千人。书展从出版业内人士的文化盛会，发展成为市民百姓期盼的阅读嘉年华；从区域性的地方书展，发展成为全国性的公共文化服务平台……上海书展正砥砺奋进、不断创新，一年一个台阶，每年都

2004年7月28日—8月2日，2004上海书展在上海展览中心举行

在进步。

2006年确立书展主题"我爱读书,我爱生活"。

2007年8月20日,上海市委书记习近平参观上海书展。习近平同志指出,要按照市第九次党代会提出的努力建设文化大都市的奋斗目标,认真打造上海书展这张文化名片,增强上海文化的吸引力和影响力,提高上海城市软实力;要营造良好的文化氛围,让上海书展真正成为服务全国的文化大平台。

2008年提出"上海首发、全国畅销"概念,首次设立主宾省。

2011年升格为国家级书展,由新闻出版总署和上海市人民政府共同主办,中共上海市委宣传部和上海市新闻出版局承办;首创"上海国际文学周"。

2018年,由国家新闻出版署指导,上海市人民政府主办,中共上海市委宣传部、上海市新闻出版局承办。

经过15年的精心打造,上海书展暨"书香中国"上海周立足上海,服务全国,以阅读文化引领价值风尚,已成为重要的全国文化盛会和上海文化品牌,有力地推动着城市文化建设和书香社会建设。

上海国际童书展

中国上海国际童书展（CCBF）2013年在国家新闻出版总署的指导下，由上海市新闻出版局、中国教育出版传媒集团有限公司、环球新闻出版发展有限公司共同主办，是目前亚太地区唯一专注于0—16岁儿童图书出版及儿童内容的展览盛会。

在5年的发展历程中，CCBF紧紧围绕"与世界和未来在一起"的主题，始终坚持国际化、专业化、品质化的办展理念，为童书版权贸易提供了卓越的交流平台，为提高中国儿童文学在国际上的知名度以及推广少儿阅读发挥了重要作用。

首届中国上海国际童书展2013年11月7—9日在上海举行，154家海内外出版社携5万多种最新童书亮相，5000多位专业观众和1.2万人次的儿童及家长观展。

2014中国上海国际童书展11月20—22日在上海举行，吸引了来自23个国家和地区的250余家知名童书出版与相关专业机构聚集上海。参展中外最新童书超过5万种，其中外版童书近2万种。有8000余位专业观众和3万人次读者观展。

2015中国上海国际童书展11月13—15日在上海举行，来自30个国家和地区的300余家知名童书出版与相关专业机构聚集上海，参展童书超过5万种，其中外版童书2万余种。有8000余位专业观众和3.8万人次的儿童及其家长观展。

2016中国上海国际童书展11月18—20日在上海举行，吸引了300余家国内外童书出版和文化创意机构，1000余位国内外童书作家、插画家和出版专业人士，6万余种中外童书新品，100余场阅读推广和专业交流活动。有9500余位专业观众和4.2万人次的儿童及其家长观展。

2017中国上海国际童书展11月17—19日在上海举行，有360余家国内外童书出版、创意机构参展，近50个国家和地区的1000余位童书作家、插画家和出版专业人士汇聚展会；参展中外最新童书6万余种。有1.5万专业观众现场观展，专业观众和普通观众人数较往年都有明显增加。

2017中国上海国际童书展大师工坊活动区

特色书店

20世纪60年代开始，为满足专业读者的需要，上海开始创办专业书店。音乐书店、科技书店、美术书店、少年儿童书店、古籍书店、外文书店却在"文革"时期都被迫停业、转业。

改革开放以后，随着出版事业的极大繁荣和发展，单靠综合性书店已经无法满足读者需要，市场迫切需要改变"百家书店一副面孔"的格局。上海开始发展专业书店，寻找缓解"买书难"的良策。上海新华书店从1981年设立教育书店起，到1985年底，具有一定规模的专业书店开设了14家。这些专业书店大致可按图书门类、图书版别和服务形式3种类型划分。专业书店具有门类齐全，品种丰富，储备充足，信息反馈迅速，服务方式多样的"齐、多、专"的特点，为图书发行工作的"深、细、活"创造了条件。

1978年2月，河南中路新华书店恢复上海科技书店名称（后改名中国科技图书公司），加强上海邮购书店。

1978年4月，西藏中路新华书店恢复上海音乐书店名称（后改名上海音乐图书公司）。

1981年6月，中国出版对外贸易总公司上海分公司成立（1992年并入上海外文图书公司）。

1981年11月，上海教育书店开业。

1981年12月，南京东路新华书店设文史哲学术专柜。

1982年11月，上海艺术书店开业。

1983年1月，上海省版书店开业。

1983年2月，上海批发书店开业，专营对集体和个体书店（摊）图书批发业务。

1984年1月，上海旅游书店开业。

1984年9月，上海工具书店开业。

1984年11月，上海书刊服务公司开业。

1985年1月，上海艺苑真赏社重新开业。

1985年3月，上海版图书贸易中心开业。

1985年12月，少年儿童书店经过装修后开业。

1986年1月，上海法学书局开业。

1986年8月，上海企业家书店开业。

1986年9月，上海大学书店开业。

1987年4月，上海生活书屋开业。

1994年10月，上图公司图书城开业

艺术书坊内景

少年儿童书店

上海音乐书店

1987年11月，南京东路新华书店"学术书苑"开业。

1990年9月，上海体育书店开业。

1990年10月，上海香港三联书店有限公司暨上海画廊营业部开业，这是上海市第一家沪港合资经营的文化企业，由上海图书公司、三联书店上海分店和三联书店（香港）有限公司合资组建。

1992年9月，上海建筑书店开业。

1993年8月，上海新华书店图书批销中心开业。

2001年1月，上海东方音像连锁有限公司举行颁发"连锁铭牌"仪式。全年发展连锁店96家，营业面积总计达6500余平方米，全年销售额3718万元。

2005年7月，上海音乐书店（原址动迁）重新开张，举行入驻福州路暨新华音像公司大卖场和22家音像品牌专卖店开业仪式。

上海既是全国实体书店停靠的码头，更是本土书店向外拓展的源头。

创立于1995年的上海钟书实业有限公司，是一家具有全国总发行和全国连锁资质的民营图书发行单位，2013年4月在松江区开设钟书阁泰晤士店；2016年4月钟书阁杭州店开业；2017年6月成都店正式开业、7月苏州店正式开业、11月无锡店正式开业……至今,钟书阁正式营运的书店在全国已有18家。

2015年,上海三联书店首家实体书店在青浦朱家角开业,之后在上海金山、静安、佘山,北京回龙观,浙江宁波等地开设书店。

2006年,上海百新文化用品公司在福州路开设百新书局福州路旗舰店,2017年开出百新书局·缤谷店、百新书局·尚悦湾店。通过2007年创立的"百新文具馆"连锁品牌,经过10年的努力,已拥有北京、上海、江苏、浙江、安徽、山东、山西、内蒙古等省市的200余家门店的文具经营权,2017年实现销售3亿元。

2016年,大隐书局在上海淮海中路武康大楼开设第一家门店。截至2018年,已开设了6家门店。

上海的城市精神是"海纳百川、追求卓越、开明睿智、大气谦和",上海从来就善于吸引与集聚人才、文化乃至各种资源。对于全国性的连锁书店而言,业务对外拓展,都不会错过上海这个码头。

1997年,中国图书进出口公司在虹桥国贸商城开设了中图书店。

2005年,从南京起步的大众书局在上海开设书店,是进入上海图书市场较早、影响力较大的省外品牌连锁书店，大众书局福州路店2012年创设"24小时书店"。

2005年，浙江省新华书店投资的上海博库书城在徐家汇宜山路开业，经营面积超过1万平方米。

2009年，北京的蒲蒲兰绘本馆在上海开业。

2012年，苏州猫的天空在上海开设概念书店。

2014年，起航北京、具有国资背景的建投书局在上海开始了它的首航。

2015年，诞生于贵州遵义的西西弗书店入驻上海。

2015年，广州方所在衡山路开设衡山·和集。

2016年，起源于成都的言几又书店在上海新天地开业。

2017年，言几又书店新开6家门店；大众书局在上海累计开出8家主题书店。

2018年，西西弗书店在上海布局新开10家书店，上半年已开6家书店；方所创设都市文化综合体"方所文化中心"，也将落户浦东陆家嘴滨江区域。

这些新开的书店以颜值为卖点，读者定位更加年轻化，以书店+咖啡+体验+生活方式+第三空间等多种业态综合经营，成为大型购物广场的新标配，为书店行业输入了新鲜血液。

印刷产业

我国的近现代印刷业起源于上海，铅印书刊、铸字铜模、照相制版、书刊装订、零件印刷、彩色印刷、纸制品和纸盒等八大印刷专业，都是在上海诞生、发展的。

1978年开始，尤其是党的十一届三中全会后，上海书刊印刷业迎来了产量、质量的大发展。截至2015年，上海共有印刷企业4235家。其中，出版物印刷企业205家，包装装潢印刷企业2498家；工业总产值820.93亿元，销售收入818.40亿元，工业增加值242.34亿元，利润总额49.82亿元，对外加工贸易总额99.16亿元，数字印刷销售收入6.73亿元，总资产1142.24亿元。从业人员总数150321人。工业总产值5000万元规模以上企业数量为268家。截至2015年底，上海有14家印刷企业获评国家印刷示范企业，数量列全国第二位；23家企业列入2015全国100强企业，排名全国首位；新增2家印刷企业获得创新型企业，创新型企业数量居全国首位；共有48家印刷企业获得绿色印刷认证，排名居全国第4位。

近年来,上海在全国率先对印刷业总部经济模式进行积极探索与实践,建有当纳利亚太总部、上海界龙集团(浦东杨高路)总部、上海包装集团包装印刷科技产业园等。印刷业作为传统的加工制造产业正在向着现代生产服务业转型发展,在印刷业建立总部经济模式,有效解决印刷企业的供应链问题,使印刷企业从加工赢利模式向服务赢利模式转型。

1995年1月,上海印刷(集团)有限公司成立。由上海出版印刷公司和上海出版印刷物资公司合并组成。上海中华印刷厂、商务印书馆上海印刷厂、上海新华印刷厂、上海美术印刷厂、上海市印刷一厂、上海市印刷二厂、上海市印刷三厂、上海市印刷四厂、上海市印刷六厂、上海市印刷七厂、上海市印刷八厂、上海市印刷十厂、上海市印刷十一厂、上海市印刷十二厂、上海市印刷机械二厂、上海市印刷器材厂、上海市字模一厂、上海市照相制版厂、上海日历印刷厂、上海群众印刷厂(原为上海市印刷五厂)、上海装订厂等21家国有企业作为集团成员,纳入集团公司统一管理。集团公司为国有独资企业性质。

2000年1月,上海印刷新技术(集团)有限公司成立,拥有独资企业5家,合资、合作企业7家。

2003年8月，上海当纳利印刷有限公司通过ISO9001国际质量管理体系／ISO14001国际环境管理体系/OHSAS18001国际职业健康安全管理体系认证。

2010年10月，金山国家绿色创意印刷示范园区在金山区揭牌，是全国首个绿色创意印刷示范园区。

2011年5月，"新闻出版总署出版产品质量监督检测中心上海分中心暨上海绿色认证检测中心揭牌仪式"在金山区举行。

2011年11月，上海新华印刷有限公司等9家企业获首批国家绿色印刷认证。

2007年，市新闻出版局主办，上海市印刷行业协会、上海市包装技术协会、上海轻印刷行业协会承办的上海印刷大奖开始举行，展示国内印刷业的显著成果，把艺术、出版的理念与印刷新技术相结合，把设计、出版与印刷相融合，鼓励制作品质优良、富有创意及竞争力的印刷品，得到了业界的普遍认同。

2007年4月，首届上海印刷大奖评选出：金奖9个，银奖30个，铜奖33个，提名奖117个。

2008年7月，第2届上海印刷大奖评选出：全场大奖1个，金奖10个，银奖35个，铜奖57个。其中，《上海中国画院作品集》获全场大奖。

2009年7月,第3届上海印刷大奖评选出:全场大奖2个,金奖13个,银奖45个,铜奖60个,创意奖8个。其中,《玛雅(德文版)–Mummin》和《2008国际摄影周暨上海第九届国际摄影艺术展览》获全场大奖。

2010年7月,第4届上海市印刷大奖评选出:全场大奖1个,金奖23个,银奖55个,铜奖80个。其中,《英国国家档案馆庋藏近代中文舆图》获全场大奖。

2011年7月,第5届上海印刷大奖评选出:全场大奖3个,金奖25个,银奖54个,铜奖67个。其中,《近现代中国绘画集萃——曹氏斋藏(1—4册)》(豪华精装)、《洪流时代》《三星3D眼镜盒套装》获全场大奖。

2012年7月,第6届上海印刷大奖评选出:全场大奖3个,金奖24个,银奖56个,铜奖77个。其中,《冯其庸文集》、"双沟珍宝坊"印刷包装酒盒、《中国画——华祝三多图》获全场大奖。

2013年7月,第7届上海印刷大奖评选出:印刷大奖3个,金奖23个,银奖49个,铜奖77个。其中,《中国标准草书大典》、博朗剃须刀盒、顾绣作品《寒雀图》获印刷大奖。

2014年7月,第8届上海印刷大奖评选出:印刷大奖

3个,绿色环保大奖1个,金奖21个,银奖48个,铜奖66个。其中,《海派百年代表画家系列作品集》、川宁茶盒、《新疆龟兹壁画》获印刷大奖。

2016年3月,第9届上海印刷大奖评选出:印刷大奖2个,印刷金奖39个,银奖32个,铜奖33个。其中,《阿里壁画》、熊猫香烟防伪标签获印刷大奖。

2008年,由市新闻出版局、市科委、市经信委等主办的上海国际印刷包装产品交易会在上海新国际博览中心举办,2009年更名为上海国际印刷周,服务平台从单纯的交易平台转变为交易和服务平台,有助于促进印刷企业转变发展方式,加快印刷企业与信息产业、文化产业、创意产业和现代服务业的融合,促进印刷产业健康、平稳发展。自2012年开始,该展会由新闻出版总署(2013年起为国家新闻出版广电总局)印刷发行管理司、上海市新闻出版局等单位主办,举办地点由上海新国际博览中心改为国家会展中心(上海)。最初每年举办一次,2014年开始,每两年举办一次。

2008年7月,2008上海国际印刷包装产品交易会举办。

2009年7月,2009上海国际印刷周,主题是"印刷市场的未来"。

上海界龙艺术印刷有限公司印制的《锦绣文章》

上海中华商务联合印刷有限公司印制的《秦俑》和《新世纪汉英大词典》

上海印刷（集团）有限公司印制在绢上的高仿真唐卡

2010年7月，2010上海国际印刷周，主题是"印刷与世博同行"。

2011年7月，2011上海国际印刷周暨上海国际印刷包装产品交易会，主题是"绿色印刷与美好生活同行"。

2012年7月，2012上海国际印刷周，主题是"绿色展示未来，数字凝聚智慧"。

2013年7月，2013上海国际印刷周，主题是"服务创新、科技引领、绿色发展"。

2014年7月，2014年中国（上海）国际印刷周，主题是"服务创新、科技引领、绿色发展"。

2016年3月，2016年中国（上海）国际印刷周，主题是"创新、融合、发展"。

出版人才

出版名家

1990年，党中央、国务院决定，给作出突出贡献的专家、学者、技术人员发放政府特殊津贴。这是党中央、国务院为加强和改进党的知识分子工作，关心和爱护广大专业技术人员而采取的一项重大举措。

经人事部批准，1991—2014年间，市新闻出版局系统享受政府特殊津贴的有：

胡道静、宋存、林克勤、郝盛潮、丁景唐、何礼蔚、江曾培、赵家璧、钱君匋、何承伟、秦浩、杨可扬、陆全根、贺友直、姚允祥、钱增英、任侃、巢峰、鲍克怡、徐庆凯、吴莹、任以奇、骆兆添、孙家晋、包文棣、盛峻峰、叶麟鎏、陶雪华、戴可霁、曹余章、陈伯吹、任大霖、孙峻青、鲁兵、李俊民、钱伯城、魏同贤、李国章、卢辅圣、吴智仁、柳肇瑞、阮智富、傅元恺、章雷、顾国良、张耀祖、徐炜、汪天盛。

1995—2014年间，市新闻出版局系统享受政府特殊津贴的有17人：

赵昌平、李伟国、陈和、杨泰俊、周舜培、郭志坤、雷群明、陈昕、郝铭鉴、翁经义、邓明、李新、王兴康、郁椿德、茅子良、张晓敏、李梦生。

一排左起：宋原放、罗竹风、马飞海、王国忠
二排左起：巢峰、万启盈、吉少甫、赵斌

1987年于浙江海盐

上海出版人

改革开放以来,上海继续呈现出版重镇的价值,上海精品图书输出全国甚至海外,这样的成绩离不开上海优秀的出版人和发行人。

1996年12月,上海5人获首届"全国百佳出版工作者"称号:巢峰(上海辞书出版社党委书记、《辞海》副主编)、魏昌富(少年儿童出版社校对室主任)、顾林凡(上海科学技术出版社《上海服饰》编辑部副主任)、吴智仁(上海科技教育出版社社长)、钱永林(上海新华书店静安区店经理)。

2000年,上海新华书店营业员尹鹏继荣获1997年度"上海市劳动模范"后,又荣获"全国先进工作者"称号,成为改革开放以来上海市图书销售行业第一个获此殊荣的营业员。2010年,上海科技教育出版社社长张英光荣获"全国劳动模范"称号。

2010年1月,上海25人入选全国新闻出版"三个一百"优秀人物,其中11人获得"新中国60年百名优秀出版人物"称号:万启盈、江曾培、宋

罗竹风

万启盈

宋原放

原放、陈天桥、陈昕、罗竹风、赵家璧、胡道静、钱君匋、巢峰、舒新城；8人获得"中国百名优秀出版企业家"称号：庄智象、朱杰人、何承伟、陈昕、陈天桥、哈九如、费钧德、贺圣遂；6人获得"百名有突出贡献的新闻出版专业技术人员"称号：陈敬良、胡大卫、郝铭鉴、赵昌平、秦朔、袁银昌。

创办于1987年的中国韬奋出版奖，每两年评选一次，由中国韬奋基金会委托中国出版工作者协会主持评选。

上海出版人获中国韬奋出版奖：

第一届（1987年）：

  少年儿童出版社编审　鲁兵

  上海人民美术出版社美术编辑、副主任　范志民

第二届（1990年）：

  上海文艺出版社副总编辑　赵家璧

第三届（1993年）：

  上海译文出版社副总编辑　吴莹

第四届（1995年）：

胡道静

赵家璧

钱君匋

上海辞书出版社总编辑　鲍克怡

第五届（1997年）：

《新药与临床》杂志主编　丁光生

中国辞书学会名誉会长　巢峰

第六届（1999年）：

上海文艺出版总社社长、党委书记　江曾培

第七届（2001年）：

上海科学技术出版社社长、党委书记　吴智仁

上海文艺出版总社社长、《故事会》主编　何承伟

第八届（2003年）：

上海市出版局副局长　宋原放

上海辞书出版社社长兼总编辑　李伟国

第九届（2006年）：

上海外语教育出版社社长兼总编辑　庄智象

第十届（2008年）：

复旦大学出版社社长、总编辑　贺圣遂

第十一届（2012年）：

上海文艺出版社总编辑、党支部副书记　郏宗培

第十二届（2014年）：

上海交通大学出版社社长　韩建民

上海出版人奖

上海出版人奖是上海出版界的最高奖项，2000年经上海市出版工作者协会提议设立，每两年评选一次。2008年之后改为每三年评选一次，2003年设立"上海出版新人奖"，由上海市新闻出版局、上海市人力资源和社会保障局进行评选。

首届（2000年）金奖4名：陈和、吴智仁、郭志坤、庄智象；银奖7名：李伟国、雷群明、赵昌平、袁银昌、王建才、高若海、龚仁俦。

第二届（2002年）金奖3名：卢辅圣、张瑞芷、李成忠；银奖6人：李名慈、朱杰人、洪如蕙、高一聪、孙小琪、杨蓉蓉。

第三届（2004年）金奖2名：郝铭鉴、贺圣遂；银奖8名：张英光、张天蔚、丁法、邵敏、顾林凡、张爱兰、孟庆和、李梦生。

第四届（2006年）10名：曹维劲、熊诗平、杜荣根、高克勤、茅子良、吴士余、潘晓东、李新、金良年、沈康年。

第五届（2008年）9名：胡大卫、翁经义、王兴康、陈鸣华、陈天桥、丁荣生、郏宗培、姚铁军、彭卫国。

第六届（2012年）10名：毛文涛、孙晶、李党生、陈达凯、陈徵、赵建平、费维耀、龚忠德、史领空、赵炬。

第七届（2015年）15名：王悦、王立翔、支文军、阮光页、纪学锋、应小雄、张莉琴、张跃进、陈启甸、杨蕾、郑理、费屹立、秦钠、黄育海、戴虎。

第八届（2018年）15名：丁浩磊、王勇、王焰、冉强辉、冯缨、刘征、许仲毅、吴文辉、张辉、洛秦、袁林新、顾斌、徐龙平、黄韬、窦瀚修。

上海出版新人奖

首届（2003年）8名：叶路、周晴、张宏、陈鸣华、王为松、薛克、许伟国、王焰。

第二届（2005年）7名：施宏俊、邱孟瑜、李华、温泽远、姜明、顾斌、尹利欣。

第三届（2008年）10名：孙晶、黄磊、黄昱宁、王敏、江利、郑理、常绍伟、汤哲明、姚映然、田松青。

第四届（2012年）10名：刘诗发、郑名川、龚海燕、王世平、何叶丽、秦志华、奚彤云、付豪杰、段家喜、王蕾。

第五届（2015年）15名：王健、王笑红、李卫伟、刘佩英、朱翊、任霆、杨晓禾、吴长青、邹斌、张吉人、赵锋、秦海峰、黄文华、程磊、樊雪。

第六届（2018年）15名：王剑、王晓峰、史立丽、吕瑞锋、李峥、吴萌、张波、张钰翰、张淑萍、陈玲玲、周晟、贾泽军、徐海丽、高云松、谭雁峰。

人才培养

上海出版系统职业教育体系，经过40年的培育，取得了累累硕果，形成了多种形式的继续教育网络，培养了大量人才。

1978年12月，上海印刷学校恢复建制。

1990年1月12日，上海新华书店举行营业员业务技术操作比赛。

1992年11月25—26日，北京、天津、上海新华书店举行业务技术竞赛，上海获团体总分第一名。

2005年11月1日，上海市人民政府与新闻出版总署共建上海理工大学出版印刷学院（上海出版印刷高等专科学校）签约仪式在市政府贵宾厅举行。

2006年3月24日，"新闻出版知识在线"学习平台在上海开通。

2010年7月15日，市新闻出版局召开出版物发行师职业技能鉴定工作动员会，上海出版物发行师鉴定工作全面启动。

2014年11月6日，上海组建新闻出版行业高技能人才培养基地指导委员会。

2015年8月，代表中国参赛的上海出版印刷高等专科学校学生张淑萍摘得第43届世界技能大赛印刷媒体技术项目的银牌，这是继2013年中国首次参加该项目比赛获铜牌之后的历史性突破。

2016年12月3—4日，国家新闻出版广电总局、中国就业培训技术指导中心主办的"2016年中国技能大赛——全国新闻出版广播影视行业职业技能竞赛"在上海举行，经过筛选，全国有173名个人全能和团体赛选手参加总决赛，上海参展选手获得了优良成绩。

2018年度上海市出版系列专业技术职称评审政策解读暨咨询会

职称评审

1985年年底，上海全面实行出版系列职称评定制度，实行评聘结合，各个出版单位按出版专业人员的学历情况，分配高、中、初级职称名额，进行申报评审。由通过人员单位聘任，与工资福利等待遇挂钩。

1999年，上海出台了《上海市专业技术职称（资格）评定与专业技术职务聘任相分离的暂行办法》及相关配套文件，评聘分离，分级分类管理。上海出版中、初级职称实行只聘不评，企业根据专业技术人员的学历、工作情况，直接聘任相应的中、初级职称，高级职称实行审定。

2001年8月，人事部和新闻出版总署联合发布了《出版专业技术人员职业资格考试暂行规定》，标志着出版专业职业资格制度的正式建立和实行多年的出版专业中、初级专业技术职务评审工作的终止。

2008年2月，新闻出版总署出台了《出版专业技术人员职业资格管理规定》，进一步明确规定在我国正式出版单位（图书、期刊、音像、电子出版）担任社领导职务和责任编辑的人员，必须具有出版专业中级职业资格，所有在岗专业技术人员，都要通过考试取得相应级别的出版职业资格，并实行责任编辑资格登记注册制度。

2015年开始，上海出版高级职称从审定恢复为评审。

市新闻出版局局属企业的职称改革工作1987年7月开始，1988年3月起在新华印刷厂、上海印刷机械一厂、上海图书公司、中国科技图书公司试点。1990年，市新闻出版局所属企业单位职称工作基本完成，共有2700多人取得各级专业技术职务的任职资格。

2001年，第一届上海市出版系列高级专业技术职务任职资格审定委员会成立。

2002年9月22日，首次全国出版专业技术人员资格考试在各地开考。上海市984名专业技术人员参加考试，94人获得初级资格合格证书，合格率为54.34%，名列全国第二；463人获得中级资格合格证书，合格率为57.09%，名列全国第一。至2015年，11360人参加考试，合格6080人，合格率53.5%。

据统计，2000年前，上海获取高级出版专业技术人员资格的有1273人，其中编审255人，副编审1018人；2000年至2014年，有975人，其中编审272人，副编审703人；2015年至2017年，有164人，其中编审51人，副编审113人。

2004年,受新闻出版总署委托,上海率先进行了出版职业资格登记注册试点工作,至2016年上半年,上海登记注册情况如下(单位:人):

单位	合计	正高		副高		中级及其他
		编审	其他	副编审	其他	
出版社	2458	120	17	499	57	1765
期刊	1731	32	232	127	380	961
音像网络	118	2	1	9	6	100
(合计)	4307	154	250	635	443	2826

行业协会

以行业协会为代表的社会组织是我国经济建设和社会发展的重要力量。改革开放以来，随着社会主义市场经济体制的建立和完善，行业性社会组织发展迅速，在为政府提供咨询、服务企业发展、优化资源配置、加强行业自律、创新社会治理、履行社会责任等方面发挥了积极作用。

上海新闻出版系统建立的市级行业协会主要有（以创建时间为序）：

1981年1月6日，上海市出版工作者协会成立。协会由本市出版单位、印刷单位、出版教育单位以及中央出版单位在上海的分支机构自愿组成，为专业性的非营利性社会团体法人。首届主席李俊民，宋原放等11人被选为副主席。2011年更名为上海市出版协会。

1982年7月15日，上海辞书学会成立，隶属上海市社会科学界联合会。1989年更名为上海市辞书学会，首届会长汤季宏。

1985年6月22日，上海市编辑学会成立。隶属上海市社会科学界联合会，是我国最早成立的编辑学研究社会团体。首届会长宋原放。

1986年9月17日，上海出版经营管理干部联谊会成立。1991年经社团登记，更名为上海出版社经营管理协会，首届理事长张瑛文。

1991年1月24日，上海市书刊发行业协会成立。协会以依法从事书报刊发行单位（含个体工商户）为主体，自愿组成，首届会长赵世杰。2007年，改名为上海市书刊发行行业协会。

1994年4月29日，上海市报纸行业协会成立。协会是上海报界的行业组织，首届名誉会长龚学平、贾树枚；首届会长冯土能。

1994年5月11日，上海版权保护协会成立。协会以开展著作权法宣传、提高著作权法律意识为己任，首届会长徐福生。2013年更名为上海市版权协会。

1997年3月3日，上海市期刊协会成立。协会旨在推动上海期刊业健康繁荣发展。首届会长徐福生。

2004年4月28日，上海市印刷行业协会成立。协会是上海从事出版物、包装装潢印刷品和其他印刷品印刷经营活动等企事业单位自愿组成的行业性社会团体，首届会长印德明。

2005年3月31日，上海市音像出版制作行业协会成立。协会由出版、生产、发行等相关企业组成，首届会长周建潮。

2005年5月11日，上海市音像制品分销行业协会成立，首届会长任大文。2014年7月23日，并入上海市音像出版制作行业协会。

上海市报协、市报协行业报企业报专委会主办的"讴歌新时代 展示新成就——走进大飞机看变化"主题活动

2002年，上海市期刊协会与台北市杂志商业同业公会、上海外文图书公司联合主办了"2002年台湾期刊展（上海）"

上海市版权协会召开第五届第一次会员大会现场（2017年12月28日）

上海市印刷行业协会组织行业技能大赛，着力培育行业高技能人才

对外交流

上海出版单位在改革开放40年中，先后在中国香港、台湾地区及国外举办了各种主题、类型的展览，在国际书展开辟主题展览，创建书店，开设网站，基金资助等，为上海出版的图书走向世界创造了机会。

1981年，上海南京东路新华书店在日本清水市户田书店开设上海图书专柜。

1984年6月，香港"上海书展"在香港大会堂举办，由上海版协、香港三联书店策划，香港三联书店主办，中国出版对外贸易公司上海分公司协办。9天接待读者6万多人次，销售图书17.3万多册。这届书展成为沪港出版文化交流史上的重大事件。1992年10月，香港"上海书展"展出上海出版物6000种，这是继1984年之后的第二次。

1987年10月，上海科学技术出版社参加了第39届法兰克福书展，这是中华人民共和国成立以后第一个在该书展上设立专柜进行版权贸易的上海出版企业。

1997年，上海外文图书公司与香港联合出版集团（有限）公司合作，在该公司下属洛杉矶、纽约、多伦多三地的书店举办"'97上海书展"，共组织了上海38家出版社近8000种图书参加书展展销，销售额达100万元。直至2007年，上海（北美）书展每年定期举办，受到海外同胞的欢迎。

2005年，上海外文图书公司在中国台湾地区与台湾联经出版公司合作开办了一家销售大陆简体字图书的"上海书店"。

2005年10月19日，在第57届法兰克福书展上，上海新闻出版发展公司展出由中国学者创作、中外翻译家联手翻

1984年6月，香港"上海书展"开幕式

1987年法兰克福书展期间上海科学技术出版社社长徐福生（右一）与国际部主任胡大卫（左一）和英国培格曼出版公司洽谈业务

1990年10月17日沪港三联书店开业时合影。左起冯文庄、丁之翔、汪道涵、樊秀珍、方行

第二届沪港出版年会合影（1990年10月，广东深圳）

译的《文化中国》系列丛书26种。

2008年2月,"文化中国"(英文)网开通,这是为推进中国出版"走出去"战略搭建的一个外向型平台。

2012年,上海外文图书公司启用"阅读上海"品牌,先后在美国纽约、洛杉矶、旧金山、达拉斯和加拿大温哥华、多伦多举办以"阅读上海"为主题的中文书展;2014年,"阅读上海"书展陆续在美国、加拿大多个城市和新加坡等,发展为常年展销专柜;2016年,"阅读上海"书展进入欧洲的德国法兰克福、慕尼黑和意大利佛罗伦萨、罗马;在中国港台地区书店建立"阅读上海"品牌展销区。

2015年2月,华东师范大学出版社与英国教育出版社Harper Collins签订版权输出协议,23种《华东师大版一课一练·数学》走进英国学生的课堂。

2015年6月,"上海翻译出版促进计划"创设。

上海与香港出版界的关系日益密切,从互相访问、合作出书,到编辑、出版、印刷、发行的全方位合作。上海市新闻出版局和三联书店、中华书局、商务印书馆香港总管理处,于1988年联合举办了沪港出版年会,开启了长达18年的合作。

1988年8月,第一届沪港出版年会在上海召开,主题

"如何使中文图书走向世界"。

1990年10月，第二届沪港出版年会在深圳召开，主题"90年代中文出版趋势"。

1991年11月，第三届沪港出版年会在绍兴召开，主题"出版的个性与创意"。

1993年8月，第四届沪港出版年会在香港召开，主题"现代出版概念和现代出版科技"。

1995年10月，第五届沪港出版年会在上海召开，主题"走向1997年的中文出版业及沪港两地出版社在其中的作用和地位"。

1998年11月，第六届沪港出版年会在香港举行，主题"面对世纪之交出版业的回顾与展望"。

2000年11月，第七届沪港出版年会在金华举行，主题"21世纪数码化、网络化及电子商贸对出版的挑战：中国出版业近期发展趋势"。

2002年7月，第八届沪港出版年会在香港举行，主题"面向新世纪的沪港出版全方位合作"。

2004年11月，第九届沪港出版年会在庐山举行，主题"出版大格局、出版与流行、E时代的出版"。

2006年7月，第十届沪港出版年会在香港举行，主题"当前华文出版世界面临的重要课题"。

上海外文图书公司"阅读上海"
设在美国纽约华文书店专柜

第九届沪港出版年会合影
(2004年11月29日—12月2日,江西庐山)

版权产业

中华人民共和国成立后，上海出版的图书通过版权贸易与海外合作出版，是从1978年开始的。经过40年的努力，上海出版业的对外版权贸易取得了十分显著的成绩，版权服务或者管理机构也逐步齐全，有效保障了版权制度的实施。

1988年7月，上海版权处成立。

1993年8月，上海市版权代理公司开业。

1997年10月，上海市人民政府批准设立上海市版权局。

1998年7月，市版权局成立版权执法检查队。

2010年2月，市新闻出版局与上海世博会特许经营办公室举行签约仪式，就共同做好上海世博会出版物类特许产品的经营工作达成合作备忘。

2010年5月，由市新闻出版局（市版权局）主管的上海版权服务中心、上海版权纠纷调解中心揭牌成立。

1991年6月，上海译文出版社与中国台湾中华书局股份有限公司就美国《乱世佳人》（又名《飘》）续集《斯佳丽》大陆出版发行事宜达成协议，签约购买外国文学作品《斯佳丽》中文简体字版的出版权。这是中国大陆出版界首次取得国外畅销书的独家授权。

2010年12月，全国首家音乐产权交易中心在上海成立，由上海文化产权交易所与上海新汇文化娱乐（集团）有限公司共同发起成立。

2015年12月，国家版权局和世界知识产权组织在上海签署《关于进一步加强中国国家版权局与世界知识产权组织双边合作的谅解备忘录》。

上海出版的图书，20世纪50年代就已经发行到海外。上海与海外合作出版图书，则是从1978年开始。第一种合作图书是上海科学技术出版社与香港商务印书馆合作出版的《中药大辞典》（海外中文版）。1979—1986年，上海12家出版社与8个国家和地区共合作13种文版（外文版和海外中文版）图书，签订出版合同114份（其中中国香港地区72份，占签约总数的63%）。40年间，上海出版业通过版权贸易，引进、输出的图书一直处于稳步前行中，也成为图书出版的亮点。

1987年，上海出版系统9家出版社与8个国家和地区的15家出版社签订了合作出版协议25份。

1988年，市新闻出版局所属12家出版社与5个国家和地区的29家出版社签订了合作出版图书的协议62份，涉及图书135种。

1989年，上海版权处审核版权贸易合同80份，涉及图书145种。

1990年，上海版权处审核版权贸易合同88份，涉及图书253种。

1991年，上海版权处审核版权贸易合同65份，涉及图书114种。1991年，我国加入国际版权组织前夕，上海译文出版社购买《乱世佳人》续集《斯佳丽》的中文简体字版出版权，当时全国多家出版社"拿来主义"，紧急翻

2009法兰克福书展,上海外语教育出版社有限公司与德国施普林格出版社签约

2013年5月上海交通大学出版社与美国爱斯维尔出版公司研讨版权合作

2001年上海版权贸易洽谈会签约仪式

译赴印《斯佳丽》，新闻出版署果断决定，所有"拿来主义"的全部停止，保护了上海译文出版社的合法权利。这对外是一次遵守加入WTO承诺的形象宣传，对内是一次尊重保护境外作品合法权利的教育。

1992年，上海版权处审核版权贸易合同106份，涉及图书124种、期刊2种、录像制品1种。

1993年，上海出版单位与外商签订版权贸易合同总计120份，其中购买境外作品的版权贸易合同就有71份，涉及图书67种，录音盒带4种。

1994年，上海与美、法、日等国及中国港台地区的出版商签订版权贸易合同81份，涉及图书133种，其中购买海外版权的合同有34份，涉及图书41种，较有影响的是海明威的全部作品。

1995年，上海共有17个出版单位及代理机构与9个国家与地区或组织的58家出版单位签订涉外（含中国港台地区）版权贸易合同119份。

1996年，上海市版权处共审核登记涉外著作权贸易合同115份。

1997年，共签订图书版权贸易合同145份。

1998年，上海16家出版单位与12个国家和中国港台地区出版机构签订版权贸易合同288份。

1999年，上海签订版权贸易合同367份。其中，图书版权贸易合同363份，涉及各类图书427种，输出和引进合同分别为8份和355份，分别涉及8种和419种图书，复制境外计算机软件合同4份，涉及3997种软件。

2000年，上海签订版权贸易合同619份，在引进的作品中，南斯拉夫、埃及、奥地利、爱沙尼亚、挪威、瑞士、西班牙、爱尔兰等国家的作品首次以版权贸易的形式在上海出版。

2001年，上海共引进各类图书846种，输出214种。

2002年，上海版权贸易共完成引进和输出图书1035种，其中引进品种803种，输出232种。

2003年，上海市版权局共审核登记各类版权贸易合同1749份，其中图书1004份、期刊281份、音像制品344份、电子出版物5份、软件50份、其他65份。其中引进版权总数1577份，输出版权总数172份。

2004年，全市各出版社共引进和输出图书1282种，其中引进1020种，输出262种，引进和输出的比例约为4:1。

2005年，全市各出版社开展了涉及1451种图书的涉外版权贸易活动，其中引进1179种，输出272种。

2006年，上海签订1072份涉外图书、音像制品、计算机软件和电子出版物版权授权合同。

2007年，全市各出版社引进图书1242种，同比增长15%；输出207种，同比下降42%。

2008年，全市各出版社引进图书1119种，输出图书216种。

2009年，上海完成各类著作权合同备案176份；完成审核登记涉外图书、音像制品、计算机软件和电子出版物授权合同1299件，与上年基本持平。

2010年，全市出版单位全年开展了涉及1396种图书的涉外和港澳台地区版权贸易活动，其中引进1133种图书，与2009年相比减少了171种，下降了13.11%；输出263种，同比增加了31种，增幅13.36%。

2011年，完成审核登记涉外图书、音像制品、计算机软件和电子出版物授权合同1134件。

2012年，完成审核登记涉外图书、音像制品、计算机软件和电子出版物授权合同1180件。

2013年，全市出版单位开展1950种图书的版权贸易活动，其中引进图书1730种，输出图书220种。

2014年，全市出版单位开展涉及1633种图书的版权贸易活动，其中引进图书1459种，输出图书174种。

2015年，全市出版单位开展涉及1992种图书的版权贸易活动，其中引进图书1560种，输出图书432种。

2016年，全市出版单位开展涉及1519种图书的版权贸易活动，其中引进图书1339种，输出图书180种。

2017年，全市出版单位开展涉及2214种图书的版权贸易活动，其中，引进图书1770种，输出图书444种。

1999年6月，上海市新闻出版局、上海市版权局主办，上海外文图书公司承办"99上海图书版权贸易洽谈会"在上海书城举行。这是上海首次举办较有规模的以图书、电子出版物版权作为转让，以合作出版为内容的地方性涉外版权活动。23家国外出版单位，13家中国港台地区出版单位以及华东地区90多家出版社组团出席了洽谈会。参展的各类中外图书、电子出版物近8000种，共达成版权贸易协议45份，涉及图书和电子出版物175件；达成贸易意向652份，涉及图书和电子出版物831种。

2001年5月，第二届上海版权贸易洽谈会在上海国际会议中心举行，签订版权贸易协议近百份，达成版权贸易意向逾千份。

2003年10月，第三届上海版权贸易洽谈会在上海国际会议中心举行，签订了200多份版权贸易合同和意向书。

2003年8月12日上海文艺出版总社与美国《读者文摘》有限公司签订《话说中国》版权合同

2004年法兰克福书展期间，上海新闻出版发展公司与美国《读者文摘》有限公司签署联合编辑出版英文版画册《长城》合同

2005年8月，第四届上海版权贸易洽谈会在上海展览中心举办。此届洽谈会与2005上海书展同期举办，签订了200多份版权贸易合同和意向书。

之后，因为场地、档期等原因，尤其是互联网的交流日益便捷，类似洽谈会不再集中举行。

随着社会的进步、技术的发展、作品的延伸、组织架构的完善，上海版权事业将进一步从深度、广度向高度、厚度等方面，作全方位创新。

扫黄打非

"扫黄打非"肩负着依法治理文化市场,荡涤文化污浊,保障人民群众文化权益,维护国家文化安全的重大职责。上海连续开展了一系列专项治理,坚决打击非法出版活动,始终保持高压态势,遏制其制作传播。近年,上海以打击非法出版物及信息为首要任务,以互联网"扫黄打非"为主战场,协调联动、密切配合,有效扫除网络淫秽色情信息,进一步加强出版物市场监管检查,有力惩治"三假"和侵权盗版行为。

1988年12月,上海市图书报刊市场管理处设立。

1989年11月26日,市政府发布《上海市查禁有害出版物暂行规定》,自12月5日起实施。

1991年,市人大常委会颁布了《上海市图书报刊市场管理条例》,为依法加强书报刊市场管理,提供了有力的法律保证。

2000年,上海市"扫黄"除"六害"工作小组更名为上海市"扫黄打非"工作小组。

2002年10月28日，市人大常委会通过了《上海市出版物发行管理条例》，自2003年1月1日实施。原1991年颁布的《上海市图书报刊市场管理条例》同时废止。

2007年11月28日，市人大常委会通过了《关于修改〈上海市出版物发行管理条例〉的决定》，自2008年2月1日起施行。

2010年4月20日，上海世博会出版物市场整治和版权保护专项工作会议暨长三角"扫黄打非"联防协作签约仪式在上海举行。

2013年，上海市"扫黄打非"组织机构和体制不断完善，全面落实了"扫黄打非"职责向街、镇延伸的工作，基本健全了"扫黄打非"街镇示范点创建机制。

全国"扫黄打非"进基层示范点风采展示

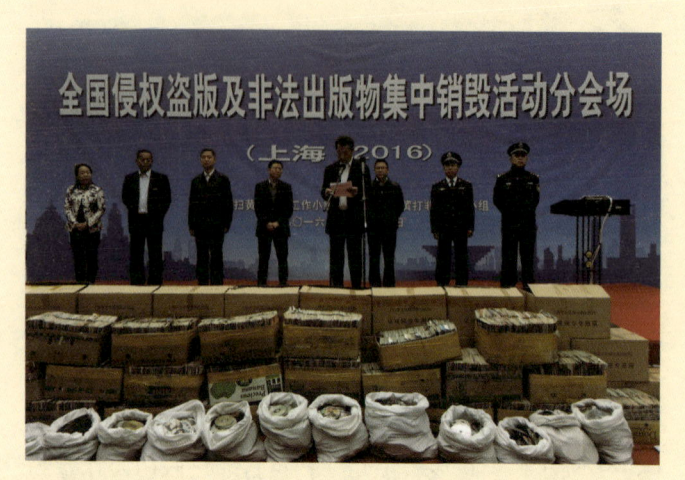

2016年全国侵权盗版及非法出版物集中销毁活动上海分会场

2018年上海市侵权盗版及非法出版物集中销毁活动暨"绿书签行动"宣传活动

数据

1978—2017年上海市期刊出版统计

年度	出版种数	平均每期印数（万册）	总印数（万册）	总印张数（千印张）
1978	42	458.5	4,710	112,082
1979	90	721.2	7,278	207,645
1980	126	1,060.6	12,209	336,953
1981	266	1,872.5	20,331	595,400
1982	308	2,202.6	23,069	637,261
1983	349	2,572.0	25,144	707,503
1984	402	3,052.5	31,018	855,817
1985	491	3,423.5	34,502	921,346
1986	541	3,073.1	30,344	816,940
1987	546	3,058.0	31,324	804,699
1988	535	2,624.3	26,621	663,036

年度	出版种数	总印数（万册）	总印张数（千印张）
1989	577		
1990		17,311	426,788
1991	534	17,934	447,274
1992	563	18,423	459,177
1993	577		
1994	596	17,231	486,745
1995	595	17,846	530,028
1996	601	16,587	514,312
1997	587	16,623	535,386
1998	591	16,503	581,137
1999	614	17,778	687,410

年度	出版种数	平均每期印数（万册）	总印数（万册）	总印张数（千印张）	定价总额（万元）	总发行数（万册）	总出版期数（期）
2000	623		18,524	738,210	74,417		
2001	631		18,529	757,870	76,676		
2002	634	1,331.9	18,007	777,393	80,027		5301
2003	637	1,334.9	18,200	851,000	85,700		5625
2004	623		19,341	893,645	90,554		
2005	625	1,102.3	18,100	872,000	88,400	17,454	5530
2006	623		18,334	876,000	92,100	17,693	5756
2007	623		18,265	875,236	94,402	17,686	5540
2008	621		19,014	927,464	104,742	18,382	5910
2009	621		17,887	901,832	112,083	17,370	5907
2010	622		17,700	903,000	112,000	17,300	5896
2011	622		18,153	940,249	116,701	17,827	5965
2012	625		17,630	966,864	122,966	17,318	6310
2013	632		16,200		116,300	15,900	6315
2014	627		14,500	810,000	110,100	14,200	6179
2015	628		12,843				
2016	628						
2017	630	578.94	9,431.52	522,907.51	90,348.55		5711

1978—2017年上海市图书出版统计

年度	图书种数 合计	其中新出	总印数（万册）	总印张（千印张）	总定价（万元）
1978	1,711	1,377	39,206	1,220,748	无资料
1979	2,097	1,612	45,816	1,565,253	无资料
1980	2,396	1,846	56,208	1,777,138	18,570
1981	2,801	1,949	60,149	2,298,276	22,949
1982	3,395	2,057	60,652	2,189,142	22,915
1983	3,653	2,254	46,510	2,140,445	22,889
1984	3,848	2,328	53,727	2,566,027	30,813
1985	4,176	2,634	49,598	2,405,275	40,123
1986	4,531	3,045	36,567	1,787,479	34,029
1987	5,103	3,151	42,624	2,030,327	43,715
1988	5,538	3,658	43,284	1,904,497	56,950
1989	6,765		32,843	1,452,294	——
1990	7,767	4,887	29,849	1,465,691	——
1991	8,141	4,756	——	——	——
1992	8,095	4,179	——	——	——
1993	7,721	4,272	——	——	——
1994	7,578	4,355	——	——	124,800
1995	8,166	4,162	——	1,790,000	164,800
1996	8,536	4,256	——	2,010,000	221,000
1997	9,928	4,844	27,000	1,800,000	210,000
1998	10,718	5,083	——	1,868,736	218,300
1999	11,381	5,880	——	1,869,375	240,300
2000	12,682	6,936	——	1,904,933	248,500
2001	13,920	7,867	——	2,124,468	289,500
2002	14,537	8,156	25,888	2,138,308	293,263
2003	15,636	8,726	27,411	2,326,753	336,021
2004	16,449	9,391	26,666	2,353,870	342,329
2005	16,504	9,286	25,946	2,365,000	356,500
2006	17,283	9,338	25,433	2,486,000	379,800
2007	16,958	9,085	23,968	2,404,790	376,085
2008	17,780	9,945	26,387	2,496,735	424,096
2009	18,873	10,615	27,433	2,545,506	452,076
2010	19,519	11,241	28,864	2,634,466	516,974
2011	22,056	12,542	28,881	2,737,330	569,089
2012	23,792	13,142	33,479	3,134,836	668,212
2013	24,969	13,665	33,700	3,209,000	730,900
2014	24,676	13,193	32,619	3,046,510	735,200
2015	25,954	13,626	35,304	3,383,296	813,921
2016	27,462	13,905	41,763	3,626,000	915,843
2017	27,772	13,261	42,333	3,755,633	1,020,694

1978—2017年上海市图书发行统计

年度	发 行 网 点（个）	图书销售额（万元）
1978	132	6,007
1979	176	8,112
1980	190	9,165
1981	197	8,073
1982	240	7,621
1983	241	9,024
1984	298	11,246
1985	1013	24,069
1986	997	29,667
1987	904	33,064
1988	1060	39,243
1989	—	
1990	—	25,600
1991	1648	32,000
1992	1812	31,700
1993	—	31,197
1994	—	44,300
1995	—	49,514
1996	3033	336,866
1997	4277	376,600
1998	4744	389,800
1999	5458	
2000	6743	470,500
2001	6490	536,200
2002	7180	566,500
2003	7129	536,600
2004	7146	813,600
2005	5409	879,100
2006	3355	1,002,100
2007	3216	1,181,300
2008	2863	986,700
2009	2756	1,010,000
2010	3442	1,040,000
2011	3386	1,177,100
2012	2685	1,281,200
2013	2619	1,350,000
2014	2393	1,417,500
2015	2137	1,553,500
2016	2103	1,600,100
2017	2115	1,709,100

大事年表

1978年

上海出版系统恢复原来建制,撤销大社,重建上海市出版局,下属10个专业出版社,即恢复原有上海人民出版社、上海文艺出版社、上海人民美术出版社、上海科学技术出版社、上海教育出版社、少年儿童出版社,中华书局上海编辑所改组为上海古籍出版社,中华书局辞海编辑所改组为上海辞书出版社,原上海文艺出版社的外国文学部分及其他一些出版社的翻译部分合并为上海译文出版社,朵云轩改组为上海书画出版社。

上海科学技术出版社"数理化自学丛书"重排本发行。

读者通宵达旦排队购买重版的35种中外文学著作,60天内上海累计发行150多万册。

上海科技文献出版社成立。

中国大百科全书出版社上海分社、知识出版社

（沪）成立。

上海人民出版社出版《实践是检验真理的唯一标准论文集》，初版发行25万册。

上海科学技术出版社开始出版《中国医学百科全书》。

上海译文出版社出版《新英汉词典》（新1版）。

1979年

上海辞书出版社出版大型辞书《辞海》修订本（1979年版），1980年出版缩印本。

上海新华书店等在上海市工人文化宫举办"庆祝建国30周年图书展览会"。

上海文化出版社创刊《文化与生活》、上海人民出版社创刊《青年一代》、上海译文出版社创刊《世界之窗》。

上海文艺出版社出版《重放的鲜花》，内收王蒙、刘绍棠、流沙河等人的《组织部新来的青年人》《西苑草》《草木篇》等20篇作品。

华东师范大学出版社恢复建制。

上海外语教育出版社成立。

1980年

上海外文书店举办美国时代——生活丛书出版社书

展。

上海人民出版社出版《做一个合格的共产党员》，发行700万册。

1981年

上海新华书店等主办的"1981年上海书市"在上海工业展览馆（北馆）举办。

学林出版社成立。

复旦大学出版社成立。

中国出版对外贸易总公司上海分公司成立。

上海画报社成立。1985年更名为上海画报出版社，2007年更名为上海锦绣文章出版社。

1982年

《新民晚报》复刊。

上海人民出版社出版《塑造美的心灵——李燕杰报告集》，发行420万册。

上海社会科学院出版社成立。

上海市古籍整理出版规划小组成立。

上海人民、教育、文艺、辞书、人美、科技、少儿、古籍、译文、书画、上海书店等11家出版单位共同投资52万元，创办沪渝联营书店。

上海书店开始影印出版《申报》。

1983年

上海辞书出版社在全国同业中率先成立发行所,自办本社图书的全部总发行业务。

上海翻译出版公司成立。1990年更名为上海远东出版社。

上海有声读物公司成立。1988年改组为上海声像读物公司,1991年更名为上海声像出版社。

上海外语音像出版社成立。

上海交通大学出版社成立。

1984年

上海市优秀图书奖设立。

香港三联书店等主办的"上海书展"在香港大会堂举行,展出上海出版物6000种。

同济大学出版社成立。

上海文艺出版社出版《中国新文学大系(1927—1937)》(20卷)。

上海各出版社和市新华书店投资联营的东方图书公司成立。

上海外文书店更名为上海外文图书公司。

上海书店更名为上海图书公司。

1985年

上海一定规模的专业书店已有14家。

上海全面实行出版系列职称评定制度。

上海中医学院出版社成立。1997年更名为上海中医药大学出版社，2010年更名为上海浦江教育出版社。

上海市出版局和香港国际展览公司等在上海展览中心举办"1985年上海国际书展"。

文汇出版社成立。

上海各出版社在荷兰鹿特丹市举办"中国上海书展"。

1986年

上海科学技术出版社创刊《上海服饰》。

上海文化出版社开始出版"五角丛书"，共3辑30种，总印数700万册。

三联书店上海分店（上海三联书店）成立。

上海科技教育出版社成立。

上海科学普及出版社恢复。

立信会计图书用品社恢复建制，1993年更名为立信会计出版社。

上海医科大学出版社成立，2001年并入复旦大学出版社。

华东化工学院出版社成立，1994年更名为华东理工大学出版社。

汉语大词典出版社成立，2007年更名为格致出版社。

上海新华书店和解放日报社等主办的1986上海书市在上海展览中心举行。

1987年

上海音乐出版社恢复独立建制。

百家出版社成立，2009年更名为上海世界书局，2010年更名为中西书局。

1988年

第一届沪港出版年会在上海召开，开启了长达18年的合作。

上海市新闻出版系统70家单位实行承包经营责任制。

新闻出版署同意上海书店为正式出版单位。

海峡两岸图书展览会在上海中国科技图书公司举行，展出大陆图书2万多种、台湾版图书4千余种。

1989年

中国图书进出口公司上海分公司等15个单位联合举办"1989年上海进出口图书展览"。

上海新华书店等在上海美术馆举办"1989上海书展"。

1990年

第三届全国书市在上海展览中心举行,各地230家出版社的4万多种图书展销,接待读者22万人次,销售图书144万册、520多万元。

上海市新闻出版局拨款700万元设立出版、印刷、发行三项基金。

上海出版印刷公司成立。

上海香港三联书店有限公司成立。

"1990上海国际印刷设备和技术展览"在上海展览中心举行。

1991年

上海市人大常委会颁布《上海市图书报刊市场管理条例》。

上海新华书店、上海书刊发行业协会在上海展览中心举办中国共产党建党70周年书展。

上海译文出版社出版《英汉大词典》。

上海书店开始出版《中国近代文学大系》。

1992年

上海人民出版社出版的《中国共产党七十年图集》获首届精神文明建设"五个一"工程图书奖。

中国出版对外贸易公司上海分公司并入上海外文图书公司。

上海图书出版贸易公司和三联书店（香港）有限公司联合主办的上海书展在香港举行。

中国纺织大学出版社成立。2001年更名为东华大学出版社。

1993年

由南市区政府和上海市新闻出版局联合筹办的上海文庙书刊交易市场挂牌开业。

上海朵云轩艺术品拍卖公司举办"朵云轩首届中国书画拍卖会"。

上海世界图书出版公司成立。2010年更名为世界图书出版公司上海有限公司。

1994年

上海出版的《辞海》（1989年版）等18种图书获第一届国家图书奖。

上海电子出版公司成立，是我国首家制作、出版和销售CDR读物的专业出版机构。

1995年

上海印刷（集团）有限公司成立，隶属于上海市新闻出版局。

上海财经大学出版社成立。

上海古籍出版社出版《续修四库全书》。

东方出版中心在上海成立，是在中国大百科全书上海分社、知识出版社（沪）和海峰印刷厂的基础上组建。

1996年

新闻出版署主办的中国出版成就展在北京举行。上海参展图书3000种，上海出版馆获得最佳组织奖和最佳设计奖。

上海大学出版社成立。

上海新华书店等主办的"首届上海图书节暨1996上海书市"在上海展览中心举行。

上海文艺出版社出版《中国民族故事大全》。

1997年

上海市人民政府批准设立上海市版权局。

上海召开"纪念毛主席为新华书店题词暨新华书店成立60周年庆典大会"。

中国首张城市综合信息光盘《上海大典》（CD-ROM）举行首发式。

"1997上海书展"在洛杉矶三联书店隆重开幕。

"1997上海-巴黎书展"在法国巴黎举行。

1998年

作为市府实事工程和上海市主要标志性文化设施建筑之一的上海书城建成开业。

上海中华印刷有限公司成立。

商务印书馆上海印刷股份有限公司成立。

"1998上海书展"在加拿大温哥华和美国旧金山、洛杉矶举办。

上海人民出版社出版《中华文化通志》。

东方书报刊服务有限公司成立。

1999年

上海世纪出版集团成立,是经中宣部、新闻出版署批准成立的全国第一家出版集团和首批全国文化体制改革试点单位之一。

由上海人民出版社、上海教育出版社、上海译文出版社、汉语大词典出版社、上海图书公司(上海书店)等单位组成。

少年儿童出版社出版《十万个为什么》(新世纪版),12分册,卢嘉锡总主编。

上海榕树下计算机有限公司成立,"榕树下"成为首个文学类互联网品牌。

"99上海图书版权贸易洽谈会"举行,是上海首次举办的地方性涉外版权活动。

2000年

上海出版人奖设立,是上海出版界的最高奖项。陈和等11人获首届上海出版人奖。

上海印刷新技术（集团）有限公司成立。

上海新华书店、新华书店上海发行所、上海书城、中国科技图书公司、上海音乐图书公司以及上海新华书店所属各区县店等组建的上海新华发行集团成立。

上海印刷（集团）有限公司印刷三厂与新加坡时报出版有限公司合资改建的上海三印时报印刷有限公司成立。

2001年

上海盛大引进韩国网络游戏《传奇》，仅半年时间在线人数突破10万人。

上海印刷新技术集团公司和上海会展公司联合组建埃佩克数码快印有限公司。

易文网（WWW.EWEN.CC）在上海开通。由上海世纪出版集团、上海新汇光盘集团和上海联和投资公司共同组建的上海数字世纪网络有限公司创办。

"科技出版百年回顾展"在上海书城开幕。展览以文字（2万余字）、图片（300余幅）和实物（2000册图书和10余件奖状、奖杯）等，反映出一个半世纪来上海近现代科技出版发展的轨迹。

上海、四川、辽宁、江西4家省级新华书店集团和陆家嘴集团公司共同投资的东方出版交易中心开业。

2002年

中华地图学社独立建制。

上海音乐学院出版社成立。

中国福利会出版社成立，2010年更名为中国中福会出版社。

上海市图书、期刊、音像、电子等出版单位从事编辑、出版、校对、发行等专业的984名专业技术人员参加全国首次出版专业技术人员资格考试。

上海百汇印刷投资有限公司与美国印刷业巨子R.R.当纳利·森所属R.R.当纳利控股公司共同投资的上海当纳利印刷有限公司成立。

2003年

上海出版新人奖设立，叶路等8人获首届上海出版新人奖。

起点中文网推出VIP制度，奠定了网络文学数字出版商业模式的基础。

上海网络游戏销售收入约为13亿元，实现利润6亿元。上海网络游戏产业占全国七成市场份额。

上海市版权局为第一批25件作品办理了著作权登记。

上海文艺出版总社出版《话说中国》。

上海市新闻出版局所属的上海科学技术出版社、上海辞书出版社、少年儿童出版社、上海古籍出版社、上海科技教育出版社、学林出版社、上海远东出版社并入上海世纪出版集团，保留七家出版社牌子。

上海三联书店由上海市新闻出版局划归《解放日报》报业集团管理。

上海文化出版社恢复独立建社。

2004年

上海市新闻出版局主办的2004上海书展在上海展览中心举行，之后每年举办一次。

上海文艺出版总社组建成立。由市新闻出版局所属的上海文艺出版社、上海文化出版社、上海音乐出版社、上海文艺音像出版社、上海书画出版社、上海人民美术出版社、上海画报出版社、百家出版社组建，保留出版社的独立建制。

"2004上海书展"在日本举行，上海15家出版社的5000余种图书参展。

上海新华发行集团改制为混合所有制企业，其股权的49%转让给上海绿地集团有限公司，上海绿地集团成为上海新华发行集团有限公司的最大股东。

2004年—2017年

321种图书获"中国最美的书"。

2005年

上海世纪出版集团"世纪人文系列丛书"开始出版，是上海世纪出版集团的品牌丛书。

从南京起步的大众书局在上海开设书店，是进入上海图书市场较早、影响力较大的品牌连锁书店，2012年大众书局福州路店曾创设"24小时书店"。

"中国国际数码互动娱乐产品及技术应用展览会（CHINA JOY）"第2届在上海举行。新闻出版总署宣布从第3届起永久落户上海。

上海外文图书公司和台湾联经出版公司合作的"上海书店"开业。

国家网络游戏动漫产业发展（上海）基地揭牌仪式举行。

上海世纪出版集团转企改制暨上海世纪出版股份有限公司成立。

上海新华发行集团组建上海书香读者俱乐部。

2006年

上海市音像制品批发交易市场开市。

上海新华发行集团投资组建上海新华传媒股份有限公司，并收购华联超市45.06%股权进行资产置换，将上海新华传媒股份公司100%股份置换到上市公司，成为中国出版发行企业中第一家A股上市公司。

上海科学技术出版社出版中国工程院院士袁隆平领衔主编的《超级杂交水稻研究》。

2007年

上海市委书记习近平等领导参观上海书展。

首届上海印刷大奖评选出金奖9个,银奖30个,铜奖33个,提名奖117个。

2008年

2008上海国际印刷包装产品交易会举办。

全国首个国家数字出版基地落户上海张江。

新修改的《上海市出版物发行管理条例》正式实施。

2009年

上海全面完成图书出版单位转企改制工作。

2010年

金山国家绿色创意印刷示范园区在金山区揭牌,是全国首个绿色创意印刷示范园区。

2011年

上海书展升格为国家级书展,由新闻出版总署和上海市人民政府共同主办,中共上海市委宣传部和上海市新闻出版局承办,更名为"2011上海书展暨'书香中国'上海周"。

上海新华印刷有限公司等9家企业获首批国家绿色印刷认证。

2012年

上海作家俱乐部有限公司旗下华语文学网获新闻出版总署核发的"互联网出版许可证"。

2013年

首届中国上海国际童书展在上海世贸商城展览馆举行，154家海内外出版社携5万多种最新童书亮相，5000多位专业观众和1.2万人次的儿童读者及家长观展。

2014年

上海交通大学出版社出版《平易近人——习近平的语言力量》。

2015年

上海共有印刷企业4235家。

2016年

习近平总书记致信祝贺《大辞海》出版暨《辞海》第一版面世80周年，要求"坚定文化自信，坚持改革创新，打造传世精品"。

国家新闻出版广电总局、中国就业培训技术指导中心主办的"2016年中国技能大赛——全国新闻出版广播影视行业职业技能竞赛"在上海举行。

2017年

上海共有报纸97种、报业主营业务收入达20.54亿元，广告总收入13.40亿元。

上海共有期刊630种，总收入12.95亿元，广告收入4.15亿元。

上海音乐电子出版单位营业收入19220.5万元，利润总额4285.08万元。音像电子品种数3933种，数量5435.95万盒（张）。

上海数字出版产业营业收入1039亿元，突破千亿元。

上海网络游戏销售收入约650.5亿元，同比增长15.2%，占全国32%市场份额。

ChinaJoy吸引中外游戏厂商900余家、参展产品4000余款，商务洽谈交易额约4.75亿美元。

上海出版单位开展涉及2214种图书的涉外版权贸易活动，其中，引进图书1770种，输出图书444种。

2018年

第15届上海图书奖评选结果，108种图书获奖。

后记

回顾过去是为了更好地展望未来。改革开放40年来，国家发生了翻天覆地的变化，上海出版业也发生了巨大的变化。

"上海出版改革开放40周年图片展"，以改革开放为主线，围绕出版单位、管理机构、图书出版、报刊出版、音像出版、数字出版、印刷产业、发行渠道、版权产业，以及人才培养、职称评审、出版名家、上海出版人、对外交流、行业协会、书展书市、特色书店、最美的书、获奖图书、扫黄打非等内容，反映上海出版业改革开放40年的巨大成就。

2018年初，上海市出版协会、新闻出版博物馆（筹）开始组织上海出版改革40年相关资料收集，得到了业界各方面的大力支持。

上海市新闻出版局提供了历年上海图书奖的评选结果等资料；上海市书刊发行行业协会提供了《上海出版

十年》《上海出版志》、1979—1986年的《上海出版工作》（合订本），以及图书发行业有关数据；上海图书馆采编中心提供了1988—2017年的《上海文化年鉴》，上海世纪出版集团提供了1980—2014年的《中国出版年鉴》，上海出版界的多位前辈和领导提供了无数的珍贵史料……在此我们向所有参与提供资料的单位和个人表示衷心感谢！

  本图片展内容遴选自上述资料，由于时间、精力有限，可能仍有部分在上海出版改革过程中的重要事件未能收录，望观众批评指正。

  改革开放40年后的今天，人民群众文化水平和消费层次的提高、国家文化产业发展的优惠政策、高新技术向出版领域的渗透，"上海文创50条"、《全力打响"上海文化"品牌加快建成国际文化大都市三年行动计划（2018—2020年）》的发布，都为上海出版事业的发展提供了无比巨大的空间和机遇，上海正在加快传统出版产业数字化转型发展步伐，全面提升上海出版产业的整体水平，着力构建与中国近现代出版发祥地和传统出版重镇地位相适应的出版产业新格局。

  融出版、互联网+、文化+、书店+、绿色印刷、按需印刷、书香满城、全民阅读于一体的上海出版产业，走出了内涵深化整合、外延融合带动的发展新路。包括推进传统出版转型升级，推进全市古籍、科技、少儿、音乐、美术、教育、社科人文、外文教材等出版产业集群建设，提升上海出版全国影响力；深化上海世纪出版集团改革，有效整合编、印、发产业链及其周边资源，打造面向全国的世纪出版基地，实现传统文化传承和艺术品业务板块跨越式发展，加快推进出版企业上市步伐；加强校、区合作，支持上海印刷专科学校与奉贤区规划建设南上海出版园；支持品牌民营出版机构落户，鼓励民营出版机构与上海国有出版单位深度合作；加快数字出版产业发展，大力实施出版行业"互联网+"战略，推进内容编辑、复制加工、传播、管理等全流程数字化建设，发展版权交易、知识付费服务模式，打造《辞海》数字出版发布云平台；大力发展绿色印刷，继续全面实施学前、中小学教科书绿色印刷；推进按需印刷生产线规模化、市场化运作；推动实体书店升级发展，加快建立布局合理、结构优化、业态多元、充满活力的新型实体书店发展格局，推动上海高校校园实体书店全覆盖。

唯有将改革进行到底，才能为夺取全面建成小康社会决胜阶段的伟大胜利，贡献上海出版业的一份力量。

跋

汪耀华

2018年8月,上海市出版协会、新闻出版博物馆(筹)在上海图书馆举办"上海出版改革开放40周年图片展",承蒙市新闻出版局、市版协和新闻出版博物馆(筹)领导看重,委我负责图片展策展工作,从制定展陈方案到撰写文案全程。图片展展出40年上海出版改革的人物、事件乃至出版物,时间跨度大,查档、访谈、回忆、撰文,是一件不容易做但值得做的事,幸好得到多位同事、前贤的帮助和支持,总算不负所托,完成任务。

图片展结束,事情也就过去了。但后来因为参与编纂《上海市志·新闻出版分志·出版卷》,发现图片展中的一些文字都是可以编入《出版卷》的。于是留心梳理,仔细补正,在为《出版卷》提供素材的同时,以《上海出版简史(1978—2018)》出版,寻求为上海出版改革开放40年留下一点历史的印痕。

本书的图片大都由新闻出版博物馆（筹）提供。上海电视台编导郝晓霞同时拍摄了改革开放40年来上海的书店、上海的书展、上海的出版社共八集160分钟的播出纪实片，使我获得了不少成就感。借此机会，向新闻出版博物馆（筹）赵书雷、上官消波、张霞等和郝晓霞编导表示衷心感谢。

《上海出版简史（1978—2018）》出版，让我完成了一个阶段性工作目标。期待各方的批评指正，也期待在前贤的提携和同道的鼓励下，继续为中国出版业的发展尽力。

2019年3月12日

| 参阅书目 |

《谈书笔录》｜汪耀华著｜1991年3月学林出版社出版
《写在书的空白处》｜汪耀华著｜1996年12月吉林美术出版社出版
《书香的故事》｜《上海新书报》编辑部编｜2001年9月上海三联书店出版
《上海老书店》（明信片）｜汪耀华编著｜2002年1月上海书画出版社出版
《书香圣殿——法兰克福国际书展》
　｜汪耀华摄影／文｜2002年2月上海书店出版社出版
《书香的故事：续编本》｜《上海新书报》编辑部编｜2003年1月学林出版社出版
《书城视线》｜汪耀华著｜2003年4月上海科学技术文献出版社出版
《上海新书店》（明信片）｜汪耀华编著｜2004年1月上海科学普及出版社出版
《书店风格》｜汪耀华著｜2004年2月河北教育出版社出版
《书香的踪迹》（明信片）｜汪耀华编著｜2004年7月上海科学普及出版社出版
《书展》｜汪耀华编著｜2004年7月文汇出版社出版
《书道》｜汪耀华编｜2005年9月上海文化出版社出版
《书香》｜汪耀华主编｜2005年9月上海文化出版社出版
《书街——上海福州路文化街长卷》｜汪耀华主编｜2006年1月上海文化出版社出版
《2002年上海书业信息手册》
　｜《上海新书报》编辑部编｜2006年6月上海交通大学出版社出版
《民国书业经营规章》｜汪耀华选编｜2006年8月上海书店出版社出版
《十年书梦》｜汪耀华著｜2007年11月上海人民出版社出版
《出版空间：理念与实务构架》｜汪耀华著｜2009年9月上海大学出版社出版
《上海书业同业公会史料与研究》
　｜汪耀华编著｜2010年7月上海交通大学出版社出版

《留在笔下的新华书店》|汪耀华著|2010年7月上海交通大学出版社出版
《书香传承——上海书业旧事》|汪耀华编|2011年4月上海人民出版社出版
《上海书业名录》（1906—2010）|汪耀华编|2011年6月上海书店出版社出版
《书景》|汪耀华著|2011年8月上海文化出版社出版
《理想书房——样本与文本》
  |舒亦主编、汪耀华等撰文|2012年8月上海辞书出版社出版
《上海老书店地图》|汪耀华编纂|2012年8月中华地图学社出版
《书摘，编辑的眼光》|汪耀华等著|2012年8月上海文化出版社出版
《这些年，我经历的上海书展》|汪耀华著|2014年2月上海文化出版社出版
《"文革"时期上海图书出版总目》（1966—1976）
  |汪耀华编|2014年4月上海辞书出版社出版
《1843年开始的上海出版故事》|汪耀华著|2014年6月上海人民出版社出版
《阅读纪事》|汪耀华著|2015年7月上海书店出版社出版
《"新青年"基本读本》|汪耀华选编|2015年9月上海书店出版社出版
《"新青年"广告研究》|汪耀华著|2016年4月上海书店出版社出版
《留存着的书业时光》|汪耀华著|2016年7月上海书店出版社出版
《这些年，名家眼中的上海书展》|汪耀华编|2016年8月上海书店出版社出版
《这些年，我经历的上海书展》（增订本）
  |汪耀华著|2016年8月上海书店出版社出版
《商务印书馆史料选编》（1897—1950）|汪耀华编|2017年3月上海书店出版社出版
《中国近现代出版法规章则大全》|汪耀华编著|2018年1月上海书店出版社出版
《最美书海报——2018上海书业海报评选获奖作品集》
  |汪耀华主编|2019年4月上海教育出版社出版
《中国出版家·黄洛峰》|汪耀华著|2020年3月人民出版社出版
《商务印书馆简史》（1897—2017）|汪耀华著|2020年3月上海书店出版社出版

图书在版编目（CIP）数据

上海出版简史：1978—2018 / 汪耀华著. -- 上海：上海书店出版社，2020.3
 ISBN 978-7-5458-1855-0
 Ⅰ.①上… Ⅱ.①汪… Ⅲ.①出版事业—文化史-上海-1978-2018 Ⅳ.①G239.275.1
 中国版本图书馆CIP数据核字（2020）第020657号

责任编辑：何人越
封面设计：王　蓓

上海出版简史：1978—2018
汪耀华　著

出　　版	上海书店出版社
	（200001 上海福建中路193号）
发　　行	上海人民出版社发行中心
印　　刷	上海丽佳制版印刷有限公司
开　　本	890×1240　1/32
印　　张	7.125
版　　次	2020年3月第1版
印　　次	2020年3月第1次印刷

ISBN 978-7-5458-1855-0/G・152
定　　价　60.00元